心一堂當代術數文庫　星命類

命理學教材之
五行論命口訣

段子昱　著

書名：命理學教材 之 五行論命口訣
系列：心一堂當代術數文庫・星命類
作者：段子昱
編輯：陳劍聰

出版：心一堂有限公司
通訊地址：香港九龍旺角彌敦道610號荷李活商業中心十八樓05-06室
深港讀者服務中心：中國深圳市羅湖區立新路六號羅湖商業大廈負一層008室
電話號碼：(852) 67150840
網址：publish.sunyata.cc
電郵：sunyatabook@gmail.com
網店：http：//book.sunyata.cc
淘宝店地址：https：//sunyata.taobao.com
微店地址：https：//weidian.com/s/1212826297
臉書：https：//www.facebook.com/sunyatabook
讀者論壇：http：//bbs.sunyata.cc

版次：二零一八年五月初版

平裝

定價：港幣　二百九十八元正
　　　新台幣　一仟二百八十元正

國際書號　978-988-8316-69-4

香港發行：香港聯合書刊物流有限公司
香港新界大埔汀麗路36號中華商務印刷大廈3樓
電話號碼：(852)2150-2100　傳真號碼：(852)2407-3062
電郵：info@suplogistics.com.hk

台灣發行：秀威資訊科技股份有限公司
地址：台灣台北市內湖區瑞光路七十六巷六十五號一樓
電話號碼：+886-2-2796-3638　傳真號碼：+886-2-2796-1377
網絡書店：www.bodbooks.com.tw
台灣國家書店讀者服務中心：
地址：台灣台北市中山區二0九號1樓
電話號碼：+886-2-2518-0207
傳真號碼：+886-2-2518-0778
網址：www.govbooks.com.tw

中國大陸發行 零售：深圳心一堂文化傳播有限公司
地址：深圳市羅湖區立新路六號羅湖商業大廈負一層008室
電話號碼：(86)0755-82224934

心一堂微店二維碼

心一堂淘寶店二維碼

目錄

前言

甲午年初，我編寫了《命理學教材第一級》，書中介紹了「十神」、「格局」、「喜忌」、「強弱」及簡單的「門類預測基礎法則」。對於學過五、七年命理學的同道而言，這本書可以算作是基礎知識的彙集。而對於欲要入門的初學者，卻顯得似乎龐雜、深寬了一些。不過就我個人而言，「第一級」仍是屬於「初級」序列。

限於篇幅，「第一級」教材以基礎概念為主，即便對於格局的介紹也是很簡單，並未過多涉及格局的內在原理。同時，由於命理學的學習是一個循序漸進的過程，我將本該屬於「第一級」的內容，但卻較難理解的「五行」、「十干」、「十神」三者之間的結合使用抽了出來，再加入簡單的、基礎的「訣法」，而再編寫成「第二級」教材。即便這樣，仍是達四百頁之多。

命理學，若一定要分派別，我們現在可以看到較為活躍的是「十神派」、「五行派」這兩者，除此外還有「數法派」——研究鎖碼的一派。作者我現在編寫這些命理學教材，也是基於十神法、五行法兩大基礎線索，即：

十神法——十神定位、十神坐支、格局……

五行法——調候，日元喜忌……

所謂循序漸進，就是先瞭解十神法，五行法，然後就是探求十神法原理、五行法原理。若再深入一些就是分門別類預測法的全面整理了。作為命理學的探索者，我也是以此而教授命理學、編寫命理學教材的：

《命理學教材第一級》——十神法基礎認知、五行法基礎認知。

《命理學教材之五行論命口訣》——十神法與五行法的綜合運用，訣法的簡單認知。

《十神訣法總錄》——十神法原理，子平格局的原始含義、用法。

《五行訣法總錄》——五行法原理。

《訣法大全》——全面介紹訣法。

《火珠林法拾遺》——跨學科綜合……

今《命理學教材之五行論命口訣》的編寫，才是萬里長征的開始。

第一章　十干分論

本章十干分論部分，主要由如下核心內容組成：

●介紹十干自身特性。

●每干針對四季、十二月而詳論調候、日元喜忌。

●以十干、四季、十二月為經，緯以十神格局法，相互比較中加深瞭解五行法、十神法的使用法則。

●列舉大量實例，實例中牽出實務論命諸多常見問題。

●在本書之前的《造化玄鑰》、《窮通寶鑑攔江網》①等書，也都在論十干、四季、十二月，讀者可以同時參考閱讀。

為照顧沒有閱讀過《命理學教材第一級》的初學者，本書再次登出相關調候、十干喜忌的原理列表；並簡要對比五行法十神法異同，供讀者參考：

①本書將這兩本書統稱為《造化，窮通》。

二十四節氣列表

月令	節氣	公曆近似時間
寅月	立春—驚蟄	2月 5號左右開始
卯月	驚蟄—清明	3月 5號左右開始
辰月	清明—立夏	4月 5號左右開始
巳月	立夏—芒種	5月 5號左右開始
午月	芒種—小暑	6月 5號左右開始
未月	小暑—立秋	7月 5號左右開始
申月	立秋—白露	8月 5號左右開始
酉月	白露—寒露	9月 5號左右開始
戌月	寒露—立冬	10月 5號左右開始
亥月	立冬—大雪	11月 5號左右開始
子月	大雪—小寒	12月 5號左右開始
丑月	小寒—立春	1月 5號左右開始

調候原理列表

月令	特點	調候注意事項
辰戌 丑未	含濕熱之氣，土厚沉重	時時注意用甲
亥子 丑	冬季寒	時時注意用火，且要注意水是否氾濫
巳午未	夏季熱	時時注意用水，且要注意水是否有源
申子辰	氣數含水而寒、濕	因濕寒，須得注意是否以火除濕、增溫
寅午戌	氣數含火而熱、燥	因燥，須得注意是否用水濕潤、增寒
注：春秋二季注重日元自身性情的調節，冬夏二季注意針對季節氣候的調節		

附《命理學教材第一級》十干喜忌原理列表

	十干對應之物	作為日元時，十干有本身的喜忌	氣候的影響（主要是冬夏二季，即所謂調候）	十干作為月令調候的手段和日元自身喜忌時的功效
甲	大櫟、木材、大林	因為只是一塊木料，需要成型，故此需要金劈。大林木須得厚土栽培。	冬季寒冷需要除寒（丙），夏季燥渴需要水潤（癸）。	甲木有條直之象，故此可以作為疏通的工具來用。
乙	花草、禾苗	柔弱禾苗，須小心培養。丙、癸須得不離左右。	夏用水，冬用火。	乙木一般不做為其他天干的調候手段。
丙	太陽之光	因太陽在高處，不懼怕水剋，但容易爆烈反而需要剋制，故此又不離壬水。	夏用水，冬季用戊土防水失控。	丙火熱烈，可以用來除寒。
丁	燈燭	微弱燈光，怕風大又怕無風（木為風），故此須得庚甲小心配合。	冬季用丙。	因持續發熱，故可以用來煉金。
戊	泰山、厚土、高崗	厚重、不靈、不變通。需要管理、疏導。故此不離甲木。	冬季用丙，夏季用水。	因厚重，故此可以作為堤岸來使水不氾濫。
己	田園	己土薄，須小心養護，又己土濕，總得有陽光（不離丙火、癸水）。	四季不離用丙，夏季須得癸水。	很少有用己土作為調候手段。
庚	頑鐵頓金	過於頑鈍，須得火煉成型，故需丁火。庚金怕埋沒，得甲木緊隨其後破土。	冬用火，夏用水。	不怕崩刃，可以用來劈開甲木。又金可以作為水源來用。
辛	珠玉之金	佩戴之物喜清潔，故需要水洗，不離壬水。	冬用火，夏用水。	作為水源來用，但水源功能不及庚金。
壬	江河湖海	因容易氾濫，須得時時小心，故用戊土護堤。	冬用火，夏用金水（金水共用是怕水無源）。	淘洗功能，增寒功能。
癸	霧、露水、溝渠水	因規模小，有斷流危險，故須時時注意庚辛發源。	冬用火，夏用金水（金水共用是怕水無源）。	滋潤作用，增寒。

附《命理學教材第一級》十干功能比較列表

<table>
<tr><th>十干</th><th>十干自身的功效、功能</th><th>作為月令調候的手段和日元自身喜忌時的功效對比</th><th>喜忌的一般原則</th></tr>
<tr><td>甲</td><td>疏導功能，可以成為乙木依附的對象（藤蘿繫甲）。</td><td rowspan="2">甲木在四季月為常用手段（未月慎用）。很少有用乙木的。</td><td rowspan="10">● 十干本身喜忌中，五陽干喜剋，五陰乾喜生。陽干很少用劫財，陰乾反而常用劫財。
● 調候以水火為主。多用陽干。無非是夏用水冬用火。</td></tr>
<tr><td>乙</td><td>有纏繞依附功能。乙木一般不作為調候的手段。</td></tr>
<tr><td>丙</td><td>除寒，曬乾。</td><td rowspan="2">除寒用丙而不用丁，煉金用丁而不用丙。</td></tr>
<tr><td>丁</td><td>煉金，焚燒。</td></tr>
<tr><td>戊</td><td>堤岸，防水。</td><td rowspan="2">冬季用戊土剋水而非是己土。己土有污濁它物的功效，避之為好。</td></tr>
<tr><td>己</td><td>有污濁他物的功能，一般不作為調候手段。</td></tr>
<tr><td>庚</td><td>劈砍，發水源。</td><td rowspan="2">發水源用庚比用辛好。</td></tr>
<tr><td>辛</td><td>發水源。</td></tr>
<tr><td>壬</td><td>淘洗，增寒。</td><td rowspan="2">壬水不作為生木的滋潤作用來取用，而使用癸水滋潤。</td></tr>
<tr><td>癸</td><td>滋潤，降溫。</td></tr>
</table>

五行法、十神法使用方法比較列表

兩法比較	從中間往兩邊看			
	十神法		五行法	
	法則	概念	概念	法則
自身運行邏輯	生剋競	五倫	五行	生剋競
	十神定位、十神坐支、十神柱限法	十神	十干	十干各有不同性情，決定不同的做事方式，和效果
	十神分善分不善，善者需要生護，不善者需要制化	十神上升為格局以論人生成敗	十干於四季十二月各有不同自然稟賦	十干有優點、有缺陷，需要在四季十二月中想法發揚、糾正
強弱法	在符合格局順逆的情況下扶弱抑強		反制過多五行	
吉凶	尊重量變導致質變		尊重量變導致質變	
法理導向	活出個啥結果——成敗論		如何活——過程論	
依據	尊人倫		從自然之道	
價值取向	以能辨成事、處理好社會關係的為成功者		以能反觀改造社會的為偉大者	
理想	擁有富貴		擁有全面型人格、任何時候都有人生高度	

第一節 甲木

甲干①論

開物成務：能創前人未創之業。
呈明：能宣化文明。
聲濁：說話聲不脆亮。
體方而長、色青、味酸、質勁。
為用者，開展作為：甲為格局，其事業宜開創性質。
得令可做棟樑：能支撐局面。
生旺太過則無依：孤。
失令為廢物斷材：幹零碎活，事業不定。
自負：太過世故，不聽人言，自主性強。

① 十干自然性喜好論述請參考《命理學教材第一級》。

•正財：己

財不求自來、但易自縛手腳。

甲日丑月

一、十二月之甲木以其自然性而言：天寒地凍，外無生機而內斂精神。需得有火方能解凍，若要成就適合己身喜好之事業，則需用庚修身、剪性。

•火解凍：調節氣候。

•庚金：自身所喜。

二、冬生之甲，以火調候：實務當中，調候得當可論為得時事潮流。此處食神丙火充當調候角色，也就又有食神的含義，即文才、秀氣。合而言之即是有才能而又能展示出來，能變通。

〇〇 〇丑 甲〇 丙〇

三、丑為天乙貴，能得貴人財，有現成之福。

四、冬木怕水旺，故財格用印在冬天不為佳良格局。此所謂不良格局是指為人、為文、為事陳舊迂腐，積極性不高，清水衙門，自保不爭……而並非不能有體制內的編制，並非不能有顯貴身份。

○○ ○丑 甲○ 癸○

五、丑能合會變局，凡用格、流年均須注意（其餘諸干以此類推）：

•巳酉丑——財化官或財化殺。

○○ 辛丑 甲○ 己巳 財生官。

○○ 己丑 甲○ 辛○ 財生官。

辛○ ○丑 乙○ ○酉 財化殺。天干不透己為「財化殺」，若透財則為「財黨殺」。

●亥子丑——財化印。

〇〇　己丑　甲子　癸〇　凡財化印者，印越旺越在財上疏遠，而人生越來越清閒。若就理財方式而言：以相反方式理財，取清高之財（越清高、越不愛財越心安理得）。

甲日未月

一、未月木性焦，枝葉發榮、盛極而衰。北半球在夏至（6月21左右）為太陽（天光）照射最強烈時，半月後入小暑而進未月（7月4號左右），土地熱量（地熱）通過積累漸漸至盛。此為自然性氣候。故：

●甲木未月是以水降溫調節時令氣候為先。

●丁庚相隨則是修身必選。

二、貴人有四：一為官，二為印，三為天乙，四為天月德。未為天乙，若透己則為貴人財。

三、因生於夏，調候以水印為選，而印又為貴人，故，甲木未月財旺用印，易得貴人扶持。

癸亥 己未 甲申 甲子 李剛丞相。財剋印本為敗格，時上比肩可以護印，使印終有所用。

〇〇 己未 甲〇 壬〇 財印分開。但因甲日合己，其人優先於「財」，後顧「印」。

四、夏月甲木，宜以水印出，再帶金官殺生水印為佳，否則水易干竭而無效，有短壽之嫌——調候直接關係健康。

甲戌 辛未 甲寅 癸酉 余午渠憲副。此命無論是何主格，但天格官透帶印而天格成。

●注意：癸水為調候，調候除了「有」之外，若能「有用」則更佳。所謂「有用」可參考《命理學教材第一級》格局效用大小：

用神效用列表

用神效用			
用神形式	用神力量大小	用神效用	用神於人生重心
虛透	虛有其表，但一生有用	天干順逆得當則有位	年柱：少年時代家境、起步；
地藏	不為人知，短期緣份	不逢沖刑則有一定時期穩定生涯	月柱：青年時代際遇、理想；
天透地藏	表裡如一，一生有用	順逆得當，地支不逢沖刑則有為、有位、有成	日柱：而立之後自身調節；
三合	一生有用	不逢衝破則有為、有成	時柱：晚年得償所願；
四見	一生有用	有為	天五合能使其效用歸零，地支六合能延其效用十五年

五、兩己合甲為兩財合身，一般而言主「多情多欲」。倘若兩甲兩己則為雙雙合，又為合一留一，則不以此論，而論為「處事安泰」。

•偏財：戊

陽陽相剋，不長久，終有一失。

甲為懸針，甲乙多剋戊己時，皮膚易病傷。

甲日辰月

一、辰月之木是謂「餘氣」木，時值春令，風光正盛，水火調節並不為急：

•甲木之「喜庚」，在此為自然性隨身喜好，用以矯正其頑、直之性①。

二、財格可用印，而印癸就在辰財中，為財印同巢，不論格局如何，總可論為隨遇而安之人，有現成之財、清閒之財——

•水印出干論為安逸、清秀。

•土財出干論為能幹、現實。

●辰為水庫，在月令即有時令含義。清中期以前，四庫之中陰陽干（辰之壬癸、戌之丙丁、丑之庚辛、未之甲乙）透出都可論為名符其實，都做通根之論。

三、申子辰，化為水印，若透土水則是「化財為印」（財格用印），若不透戊土而透壬癸水，以印格看。

四、坊間多以財為淫，這只是從惡而言。從善而言即為「務實、實用」。實務當中勿逞口舌之快。

五、辰中戊乙同處，凡比劫、財星同處不能調和者，可論為財務混亂，理財不清，故：

●辰戌一沖，即可推斷其人青年時代財情混亂、心不從容。

甲日戌月

一、戌月，時跨寒露、霜降節氣，甲木性已凋零。此時之甲以自身所攜之丁火（甲庚丁三不離可理解為「鑽木取火」，庚為鑽、甲為木，丁為火星）吐秀兼暖身、壬癸水滋潤身體最佳。戌月氣候特色是內蘊熱而外寒，甲木至此即要除寒潤燥，此為四季月需得同樣考慮之事。凡能除此弊者可論為燥身得有智潤、外冷得有秀暖，似為舉止得當、行為從容之人。

二、財、官、食一體——興趣廣泛，不逢沖刑可收入穩定。

三、男命甲日戌時不利子女，因戌中有傷有殺。若合火局妨子、若合殺局則妨己身。

四、例：

甲辰 甲戌 甲辰 甲戌 《造化，窮通》例，批曰：「身伴君主」。

甲寅 甲戌 甲子 甲子 《三命通會》例，朱少保。批曰：「天元一氣」。

➢實務當中，遇此天元一氣可轉論地支格局以觀其生涯。

甲日四季例：

辛亥 辛丑 甲子 甲戌 邵康節。

➤ 亥子丑為印局，天干雙辛雙甲，雖為天干雙清，但官無生輔，為淡泊名利之人。官印從權、財官從利。

壬戌 甲辰 甲午 丙寅 王堯日。給事。天干成「比食印」三連環。

己亥 戊辰 甲申 癸酉 給諫 財格透印。或可論為「合一留一」。

己巳 戊辰 甲戌 壬申 馬同知。財格透印。

➤ 以上三造，天干均為順用之神，相互配合又相剋。類似此種，多主晚年轉行或心態轉變。甲申日癸酉時清貴，甲戌日壬申時權謀。

壬子 丁未 甲辰 己巳姚文華，舉人。合傷留財。

➤ 天干鴛鴦合（雙雙合），處事泰然。

甲寅　乙未　甲申　乙亥　莊思寬，進士。乙未乙亥夾卯。半木局、兩干不雜。有關特殊格局樣式，請關注拙著《十神訣法總錄》。

乙亥　丙戌　甲戌　己巳　陳憲副。「劫食財」三連環。

壬午　庚戌　甲寅　庚午　詹寺丞。傷官局主有專才，但其不透，則以其餘透出之干而論順逆成敗。

➤ 此為殺有印化，印有殺生。這是一種很普遍的類型：天干順逆得當卻在地支不得祿旺通根，論為「天地脫離」。實務當中可論為「身不由己」。

癸酉　壬戌　甲申　癸酉　周道興，知府。

➤ 殺局用印，此命日元無根而金氣過重，極易傷殘。

•食神：丙

丙火能曬乾水分，不論四季，丙火旺且多者，燥熱。丙火食神多者，耗人真氣。
丙能合辛官，丙透者應防因私廢公。

甲日巳月

一、退氣之木。丙火司權。從甲木生長角度講，甲木被比作大樹或樹之軀干，又或為木材，此時要有水汽滋潤為宜。若從形體、自然性講，庚丁終是固選：

•甲為膽，內含鎮靜之氣，即庚；又膽汁能消化頑硬、專磨申酉——甲不離庚之一理。
•庚為刀槍劍戟，相碰即迸射火星——庚丁不離之一理。
•丁乃火星，依附乾柴而燃——丁不離甲之一理。
•庚丁要隨月令和八字整體配合。

二、夏木喜水調候，有水印透藏為佳。但因食神本身畏尅，故天干須另透比劫生食化印方能成格。實務中：壬印為偏印，可論其為有專才，但偏執。癸印為正印，可論其好文好禮。

丙〇 癸巳 甲〇 乙〇

三、甲木挺直，巳火團焰——好照顧他人。

四、夏木食神，支干無水，也可富貴，但少子。

•傷官：丁

丁火有依附性。甲正為引火之物，故丁火傷官更加隨性、固執。

甲日午月

一、五月之甲，軀干已焦，能得一場雨水滋潤則神氣煥發，故五月之甲能有癸水滋潤最好不過。但此「好」並非大富大貴之前提，而是人性圓融的必備。

•癸水是謂雨露，壬水是謂江湖河流。癸水潤物細無聲，壬水沖奔、滋潤性不佳。

•凡事有好有壞，甲木得癸水滋潤，但癸水滋潤之餘又有腐蝕性，從凶而言，甲之癸「酸腐」，從吉而言則是「和潤」。

二、甲日喜庚，為日元喜好，即是在五行性上，則以庚之斫削而成就甲之棟樑。但論社會性——格局成敗而言：不論是否是日元之喜，一旦透出即要順逆得當——七殺需得制化得宜。

三、綜合以上兩點，八字若為「傷官佩印」或「傷官用殺」則能將五行性與十神性統一於八字中——五行法針對自然性，十神法針對社會性。

甲〇 庚午 甲〇 丁〇

〇〇 〇午 甲〇 癸酉 癸透，為印，若有印生護即可成格。

四、甲到午為木生火，喜為他人著想。

•正官：辛

甲木剛直，辛金難剋，只宜為裝飾性名利，有「野心大」、「能力與職位不相符合」的情形。

甲日酉月

一、八月甲木處於囚地（囚者，為人所制者），乃十神法中的正官秉令。

二、命理學長期以來（宋至清）即是兩大主流法系：

•十神法系。

•五行法系。

兩大法系均言人之福禍休咎。今日詳作比較，則以十神格局法系更切「成敗」要領，五行十干法系更切「窮通遭遇」之脈：

•所謂「成敗」，即是一生之立身處世，身是否有位，事是否有成。

•「窮通遭遇」則是不論成就如何，一生是如何度過？在何種境界度過？

三、正官這一稱謂正是屬於十神法系，若論成敗，其在天干，必要生護得當，其在地支，必要不逢沖刑化變。而甲木酉月則是五行法系提法，此時酉月值秋令，氣候寒涼溫熱非是急切之事，而已自身之喜用為窮通遭遇之標杆，換而言之即是丁火與庚金。甲木得庚金則能成棟樑之才（有擔當、撐門面），得丁火能發越甲木英華（文才）。

四、純粹倚重十神法之格局成敗者，力求避免正官見傷官（辛見丁）、官殺混雜（辛官庚殺）……如遇到甲木之官、傷同見，務要配印，如遇到官殺混雜，務必合一留一或者透印化解。

五、實務當中，庚明透辛不透，論為以守成心態擁開創之業。辛透庚藏者，論為體制內不安份者。

六、金局庚透，家中易出傷殘人，即便是有火制金，也帶暗疾。

七、支火局，技術型人才又善管理，但其作為如何，則以格局成敗而論。

八、支木局，可做意見領袖：小到社團聯絡人，大到黨魁。

•七殺：庚

頑金鈍斧可制甲木，但若枝繁葉茂則鈍斧無可施用。故，甲木略施手段即能度過危局。甲之「略施手段」即是以「乙」來合庚。甲之「枝葉」即是「乙」。

甲日申月

一、絕地之木，生機已斷。甲木本就是喜長、生發之物，氣絕則人無生氣，具有相當破壞性、殺傷性。

二、甲木喜庚，正為月令本氣。庚又喜丁，丁為甲之傷，故以傷官制殺最為合乎自然性。

三、木在氣絕之地怕伏吟、刑沖——多易傷災。

四、殺多無制多殘疾，尤其以甲乙木明顯。《造化，窮通》多以「為僧道」可解傷災疾病，在實務中則是：

•在校學生、在家修行、出家僧道、職業教師等，傷災幾率小。

●正印：癸

有松挺雲霧、煙霞之象，潤水滋養參天木，入木即無形。為人儒雅，但略帶腐酸氣。

甲日子月

一、十一月，其時氣候雖類似春令，但卻氣漸冰冷，木性生寒。宜以：

●丙火除寒。

●十干特性上，仍是庚金丁火為固定調配。

二、丁為心臟、血液，十一月丁出無根再見水剋，多為殘疾人，若要解救，需得戊透抵水。

三、水局再透壬即是「水泛木浮」的一種——漂泊之像。

四、實務當中，若換做其它九干日元而出現甲木之水泛木浮，可論其人容易從事航海、船舶職業。

●偏印：壬

壬水沖奔，木無祿旺之根即有被沖走的可能。故甲木無根，壬亥伏吟者多手足傷災。

甲日亥月

一、壬水不似癸水柔靜，乃大有沖奔之象，一旦壬水多，首先就要防止「隨波逐流」、「浪蕩無依」。

●甲木十月從氣候言：務必除寒用丙。

●從五行性講：務必防水沖奔。

●其間庚丁仍為隨身所喜。

二、要注意的是，亥壬為印，用戊土制之方能抵住江河奔流，但這又似乎與「印不宜被剋」這一十神法矛盾。實際上，十神法中遇此情況，只需透出官殺、比劫、合一留一、透一藏一即可解決。

三、常言「冬水不生木，有火方可」。從格局法講即是印佩食傷、身印兩旺用食傷。

庚申　丁亥　甲寅　戊辰　高檢，尚書。財殺傷同透。三連環。

己巳　丙子　甲寅　甲子　韓御史，財食比同透。三連環。

乙巳　丁亥　甲戌　乙丑　陳長祚，尚書。單用食傷，可以帶比劫。

癸酉　癸亥　甲辰　丙寅　舉人。印食同透。此命又是印食同為順用之神而互剋。若從純粹學術角度研究古人星案，此命往後推一個時辰更可成格。

➤此命現在印食互剋，其中無有比劫融通，實務當中可論此命中年後必有一變，此變受制於故土、風水、往事、舊人、前因。換句話說就是：成敗在於自己能否堅持理想（甲木日元自己轉化癸剋丙）。

四、甲木喜庚，冬生之木，殺印相生之格，成就緩慢。此月印綬格最好是以火透干取暖，或以戊土制眾水。即：

●天干食傷透出，殺有制。

丙申 庚子 甲申 丙寅 薛樞密。

●戊土財透時，見到七殺透干本為敗格，若再透食傷、印綬反能先敗而後成。

庚辰 戊子 甲辰 丙寅 孫忠烈公。財見殺，丙食神透出。丙能取暖。

五、冬生之木，性格堅韌，成就緩慢，為人清雅仁愛。凍木之所以成就緩慢：

●一者月令凡為金水，青年時代本就冷靜不善張揚。

●二者十神之中，印星保守、低調、不張揚。這兩者相結合造就不但氣質上冷靜、而且行為習慣上也低調。自然地，就算有才也是很晚才為人所知。

●若能有火透，即是泄秀、展示，如此將己之才都表現出來，則大能緩和誤解——所以常說：『調候用神就是機會』。

六、《造化玄鑰》一例：

壬辰　辛亥　甲子　己巳　原稿批為：『孤寡多疾，晚有衣祿，蓋甲己化土，失令故也』。

若以本書所示而批：

➤年月日三水、是謂印化印，水化水，早年失卻父母庇護、浪蕩漂泊。

➤日時合財坐食，晚年可享財祿。

➤天干三連環，一生清譽，近官利貴。

➤水泛無戊抵定，下元有疾。

•比肩：甲

甲木見甲木為「木秀於林」。甲過多則遮蔽光陰。故甲木比肩多者一生多有「此路不通」的感覺。

•劫財：乙

乙為甲之枝葉，又為地面之雜草，乙木劫財多者，一生「繁雜」。

甲日卯月、甲日寅月

一、春二月，木乘旺氣。天干甲木通常是被假設為需要成材之木。故，總是要有庚金相隨對其施以斫伐修剪才好。木氣始於春，需要發揚其氣，因此也離不開火丁。

•庚金之用在於砍、鑿。

•丁之用在於發榮、吐秀。

•十二月氣候在變，但總是要圍繞上面兩點核心而論。我們談十干之五行性，四季之氣候，在實務中就是定位命主「淺欲」、「本然」、「特質」。八字配合能使庚丁有用者，是其人本性流露，活地瀟灑自然。若發揮不出庚丁效用，則此人是被社會大眾所累——這些是人之本然，與成就大小無關，與人欲本性有關。

二、金局透金易犯傷災，即便金有制化也易有暗疾。

三、火局透火——愚儒。

四、水局透水——飄蕩孤寡。

五、金土二局——妻遲子晚。

六、實務中論及人性：春木見壬多而無火者，多為梟雄；見癸多無火，酸腐——命中五行不足或過多，則有以下推論：

- 木——迂腐，仁直。
- 水——小聰明，空談。
- 火——繁雜，多禮，詐。
- 土——沉悶，執拗。
- 金——犯上，剛義。

第二節　乙木

乙干論

潤——講究情趣。

曲——做事婉轉。

聲婉轉、色碧、味酸。

體弱柔——不喜以強力壓制別人。

有生髮之情——喜生，喜養。

其用參差——興趣廣泛。

盡堪矯揉造作——依環境而成。

知附會——以柔治身，善能依附他人。

•正財：戊

戊土沉悶，質硬而深厚。乙木柔弱難剋——對於妻財隨用隨取、控制力小。

戊能合癸，天干雙戊者，因「情」、「財」而失機會。

乙日辰月

一、三月，陽氣愈熾之時。乙木於此春末，以「溫之潤之」為宜，即丙癸權宜而用。

•丙能防止金過旺和水濕太盛，癸能防止火旺土燥。

•丙癸如能配合得當，最能發揮好乙木人性之美。

二、《造化，窮通》以此月之乙木雙官爭合日元者易貧賤：

〇〇 庚辰 乙〇 庚〇

庚申 庚辰 乙未 庚辰 一網絡例。命理同行，他化名假姓找人爭辯命理。

➤此命生逢土月而金水氣旺，日坐火氣反年月時三柱，此人「自視甚高」（日支之氣不同其他三柱，故也）。

➤日合正官不化者：弄權、是非。

三、辰月三合水透水，無土抵定者，背井離鄉之命——「水多木漂」的一種。實務中：

●甲木之漂泊更顯孤寡，乙木漂泊更能隨遇而安。

四、若不論及格局成格，則可以十神定位、四柱年限而論八字細節：

●辰月「財」與「印」「比」同巢：小康人家。若有戌沖，放出乙木，則要慎交朋友——流年亦適用。

五、辰為雜氣，透戊則顯土像：

甲申 戊辰 乙丑 庚辰 喬宇塚。庚出護財，地支均帶水。按《命理學教材第一級》中格局一章所論：

➤此命四地支均有水，是為四見水局，有橫跨一生的作為效用，即：一生可近藝、文、書、教等職業。

乙日戌月

一、九月之乙根枯葉落。所謂根枯葉落是一種自然界景色的描述，這種景象不由得使人感覺淒涼、蕭索。辰戌二月在氣候上是很為特殊之月：辰為水庫而將交入火旺夏月，戌為火庫而將交入水旺冬月。此二月氣候已經將近極熱極寒之時，但秉性卻和這種走向截然性反。這相反在實務中可以論為：

- 健康方面：體質濕熱、濕寒。
- 性情方面：內冷外熱、內熱外冷。

二、《造化，窮通》以九月乙木可用甲，乃「藤蘿繫甲」，是指甲時：乙木為藤蘿，甲為喬干。

○○ ○戌 乙○ 甲申 自然界中的藤蘿總需要光杆硬木搭架，使之可以依附方能自然伸張。於實務當中，這一法則可理解為：

▼乙木其人天性具有依附性，善於因地制宜。

▼乙見甲則易有可賴之人——這是一種人性比附①。

三、乙木總不離丙癸，與調侯同——全其「生生之美德」。

四、例：

辛巳 戊戌 乙丑 辛巳 盜賊。

▼七殺無制，格局失敗。

①傳統文化當中此類學術比比皆是，比如中草藥學中有「法象藥理學」，依據自然現象可推導藥之特性。命理學的調侯、十幹喜忌均是如此思路。故此，作者我有必要在日後專門整理此類學術，暫將其命名為「法象命理學」。

➤財殺相生有空手謀財、財化為空之象。

➤若從調候、喜用講：自坐癸水，稍能解燥，可論為獨處時，有想法、有見識。

➤可以假想：此賊在揮霍之餘，也會搞點高雅的精神、文化愛好。

庚午　丙戌　乙卯　乙酉　林大章進士，夭。

➤唯一之根氣被衝破剋，最易遭災。

➤此命不見水氣，為人燥而少圓融。

•偏財：己

己正為田園土，更適合養育花草樹木，若氣候適宜，一生自不缺財。

乙、己都是「曲腳」，八字多者，宜犯傷災。

乙日丑月

一、臘月，是漢民族因祭祀需要而藉以對十二月丑之稱謂。臘月於我農業古國，正是地天氣回陽，結束一冬伏藏之時。此時太陽已回，但地氣猶寒，草木宜乎太陽高照才有生機，故：

•十二月之乙木丙不能缺。

二、偏財己，正要生護以全用格之道。丙能生財，若要護己，非得正官庚金。於實務中：己土偏財得丙傷官生與得正官庚護均視為有成，其中差別則可以五行法則而區分，頗能合乎人性、人情——

•得丙高透生護有根氣者：健康、有才學、能為藝技。
•得庚護者：操權、有威，但脾胃濕疾，兄弟多傷。

同為有成，調候、喜忌之約束足見一斑——格局法關心成敗；五行法關心「範圍」。凡欲習得高階實務命理，不得不查。

三、冬生之木，無火難以發榮，故以透火為佳。又乙日喜丙癸——故又以印格用傷官泄秀取暖為好。實務中論曰：癸多無丙，寒貧有道；癸而有丙，有道能顯。

○○ 癸丑 乙卯 丙○

四、雖曰乙木喜癸，冬生乙木已有癸水，而辛又能合丙調候，故辛生癸之殺印相生局，發達較慢、少自由。實務中論為：性孤、不張揚、有實權。

○○ 癸丑 乙○ 辛○

乙日未月

一、六月，自然界氣候正值暑熱，但太陽去南，天熱開始消滅。六月之未，濕熱相搏，乙木到此，性枯焦，不舒展、氣質鬱。

二、四季月以水火調候是至難之事。火多易轉為氣燥、濕熱；水多易轉為水濕、濕寒；土多則抑鬱。如此濕熱寒三極最為難治。濕不去，熱難消、寒症也難扭轉，三者相搏、互相轉化。故：

•命理中常以地氣純粹，天氣舒展為好命必備。

三、六月，癸水降溫、滋潤。實務中，以此評判人性、才情即是：禮而賢——

•木命火多即燥。

•帶水則含蓄內斂。

•兩相調配可論富而有禮、情趣高雅。

四、丙火雖為日元固定之喜好，但過多仍是不好——木命人當忌「木不南奔、木被火焚」之訓。

●木不南奔——全火局，無水。或天干一點水星無金者，以短壽論。

五、夏月喜用癸水調候，故以『財格用印』，『傷局佩印』為佳，又可天干殺印相生、官印相生。

乙未　癸未　乙未　辛巳　劉葵，郎中。殺印相生，地支食財局。

➤此命水有金生，稍好。如無金生則是水雖調候而水無根、無生扶，仍是體質濕熱傾向。

庚午　癸未　乙亥　癸未　程太卿。印星護官，官生印。

六、丑未沖，既是財沖，又是比肩沖——多有手足之傷。

●食神：丁

乙木為有生命力的草木、活物，難生丁火。乙木過多之丁，反有「熄火」的可能（血管細小，血糖高，頸椎壓迫血管）。

乙日午月

一、午月，以夏至為中氣。夏至前，北半球接受的熱量、光照大於散失的；夏至後散失的大於接受的。故書有云：三伏生寒——夏至後用水力量正顯，好比順水送舟、就坡下驢。

二、乙木總不離丙癸。火、熱、燥可用癸水。濕、寒可考慮用丙。此二者均宜乎有。乙木之性開節已經提示——其人好生好養，如能丙癸一泄一生相配合，正好能全其生生之美德。

三、三會火局虛透癸，性情好，但仍有暗疾，若要消此暗疾：

●或者天干生水。

●或者地支有不沖之水根。

●或者換做透藏壬水。大體上，造化之法以五陽干有反剋之氣勢、能量，同時己身也不受大傷——但不如癸潤：

a) 火局（三合、三會、四見）——壬

b) 水局（三合、三會、四見）——戊

c) 金局（三合、三會、四見）——丙

d) 木局（三合、三會、四見）——庚

e) 土局（四見）——甲

四、夏木喜水，又乙木喜癸，癸透成格圖例：

甲〇 庚午 乙〇 癸〇

重點提示：某干之「效力」由以下方式判斷：

- 是否為五行性之固定搭配。
- 換算為十神，看是否達到有為層次（成格與否）。
- 強弱如何，看是哪種樣式（虛透、過多、透藏……）。
- ……

五、乙木柔弱，午懸針，雙午伏吟者，又不帶水，易有開刀等血光之災，也易多血疾、熱症。

〇午 〇午 乙〇 〇〇 可以少年時期論。

六、午火食神自帶財，不逢沖刑，身強可論為「不愁吃穿」。

●傷官：丙

丙火高懸而燥烈，能曬乾乙草水分——丙傷官重者，耗人精力（縱欲、妄為）。

乙日巳月

一、乙木喜丙癸，此為乙干固定配屬，巳月之丙已有，癸水於此時不特是日元喜用，亦是調候必備。作為調候，以水滋潤降溫時，需要注意水是否有斷流危險——是否有金為水源。實務當中：

●獨一癸水高透，無金為其根源者，一旦火土一片，多為傷殘、瞽目、早衰，即便好命也是如此。

●巳月藏庚金，倘若三會火局巳午未，則其中庚金失去金氣。

二、此處著重強調：「造化」、「窮通」系列訣法賦文，若要運用得當，必須瞭解格局配屬原理，否則極容易陷入對五行法的迷信、盲從，長久之後也會對命理學失去信心。如：

巳月乙木，《造化，窮通》「專取癸水為尊，土多困癸，貧賤之人」。這裡提到「貧賤」二字，事實上貧賤二字乃是人生成敗範圍之論，當以格局配屬而論：

- 凡格局有成即可論為事業有成、有位。
- 若不成，則再以如何不成而論。

辛〇 癸巳 乙〇 戊〇

➤癸水有戊土困合之憂，但此命天干三連環，在不涉及重大地支排列組合問題時，自有小康局面。

癸〇 丁巳 乙巳 癸未

➤也有地支戊土困水之憂。此天干雙癸破丁，天格不遂，雖有癸滋，可論為人品雖清高，而不成事，能享福之命，難論有成。有關格局法，詳閱《命理學教材第一級》、《十神訣法總錄》。

三、乙巳日女命愛操心、愛嘮叨、愛管丈夫、愛做慈善。

•正官：庚

庚金頑剛，有「老大哥」氣質。正官是十神體系中的一位貴人。能合乙木——乙木見庚者，能懷柔天下（以柔治天下，得貴人青睞）。

但乙木柔，難用戊庚之財官——不在直中取，而向曲中求。

乙日申月

一、七月之正官月令，於四時五行是為秋令，天氣漸生蕭殺，溫度適宜，調候非急切事，而以進、退、剛、柔為先。丙癸為乙木固定配屬，七月水生火滅，水自有氣。

二、以十神性而言，正官一旦透天，既要以生護為主。丙火傷官正是正官不願見的逆剋之神，若見，需要區分情況——《命理學教材第一級》已列數格局常見用法，可以看成是格局使用的簡易規則：官透傷也透時，可以透印，可以合傷。庚正官不透時，則以其餘透干而論。初學者常提及又被外行恐懼的「傷官見官、官見傷官」這類似的話於此看起來也很好「解決」。

三、申為正官、正印、正財三位一體，又以正官為本氣，正官喜財印，故，但能透戊透壬即不尋常——《子平真詮》用神「有力、有情」之原理。

戊戌　庚申　乙亥　甲申　王堯封，尚書，無子（丙癸具無）。

戊寅　庚申　乙卯　戊寅　舉人（丙藏）。

庚申　甲申　乙丑　戊寅　吳玉榮，御史（丙癸具藏）。

甲寅　壬申　乙巳　丙子　高曜，府尹。庚官不透，丙透為傷官，印製傷官而成格。

四、乙日申月正官格，用戊財者，若見傷、食也可，多為武職。今日可論為「技術性官員」。《子平真詮》以財不能化解傷官正官之互剋，此言是以大富貴為標準（四品以上，能面聖？）。今日今時實務論命務必明瞭此一前提——本書並不是以「大富貴」、「能時常面聖遞奏摺」為標杆，而是以「小康，有事有業，死前保持尊榮」為參考。所以本套教材在「傷官、財星、正官同顯」的情況下，是可以列為好命的。具體地說，本套教材所謂好命可以意會為：

若要入世：

- 有存款——能經得起一次事故賠償。可做短期投資。能防備不時之需。

●有車——人際關係廣，能調動資源，走得開。
●有房——不必因生活必須而佔用大部分創業成本。

若要出世：

●健康、不長病。
●有興趣專長、有人賞識。
●不為生前身後事所累。

若再朦朧、高尚、抽象一點即是：

●不以物喜、不以己悲。有名利而不為名利所累，無名無利而能自得其樂。

壬申　戊申　乙巳　丙子　卿監

丁酉　戊申　乙丑　丙戌　柴經，都堂。以上兩造皆為官不透而透食、傷。

五、乙日難用財官，財官全者，生涯好，而少建樹——不擅長處理這些事。

● 七殺：辛

辛金專善剋制乙木，乙木在辛金之剋下，難有伸展。而癸喜庚辛，癸又為乙木之喜。在有癸透時，可用辛金，反為能人（高級心腹）。

辛能合丙，丙為乙之喜，天干雙辛者，一生因過於慎重而失機遇。

乙日酉月

一、八月乙木常被比喻為「丹桂」。八月與二月一樣，其「中氣」均為陰陽各半之時：春分、秋分。所謂陰陽各半，較為直觀體驗即是白天與黑夜一樣長短。因此在實務中，就要注意生辰是秋分前還是秋分後。《命理學教材第一級》「四時五行」一節已提示過：凡調候者，分近於冬、近於夏而已……秋分前，光照長、癸優先；秋分後，光照變短，丙優先。此為調候，天時也。若再考察地理，即是癸能降溫、增潤；丙能增溫、燥濕。

● 降溫、增溫——水火陰陽之調候。

● 增潤、燥濕——地支水火土之調節。

二、學者務必要明瞭：命理學舊稱三命，古人於此用意之深、概括之簡、應驗之神早已涵蓋今日諸如身強身弱、格局、調候所論：

•調候——天時（重天干）。
•強弱——方局會局（重地支）。
•格局——透藏、喜忌（重地支藏干、十干特性）。

三、金局無制再有沖刑者：傷災、勞碌之命。

四、乙木喜丙、癸，二者在七殺格皆可為用，也可同時為用。

癸卯 辛酉 乙丑 丙子 虞守愚，侍郎。

●正印：壬

壬水激蕩（江河湖海）。乙木乃似微根之浮萍。故壬水正印少有生護之情——情志急切。

乙日亥月

一、十月乙木，時值壬水月令，氣溫直線下降，一天冷過一天。於乙木，其感覺即是寒流滾滾、不可抵擋。若此時能有丙火高照，亦可有些許暖意、不至悲觀絕望。

二、實務當中，十月之乙木若能得丙火透藏，即可解決生發的第一必要條件——天時決定地面以上生長，地理決定地面以下生長。

●所謂「生發」，換做實務語言：「文才」、「專才」、「為人所知」、「活潑」、「變通」。

●若不得火（丙丁）透藏而成格，換做實務語言：「低調」、「緩慢而成」。

三、「造化」、「窮通」二書，均以調候為科甲第一標準，換做今日就是：

•能相當地「通曉人情、超越是非」。

我在《命理學教材第一級》中提到：

•「『地人』和諧不兼顧天命者：瀟灑、自如、有情趣、有才能、有緣份，能通靈見性、懂人間悲苦……」。所謂「人」，即是調候、喜用的統稱。我們今日很多所謂成功人士很刻薄、很無同情心、不待見社會，這即是一種不通人情的成功。

四、亥月壬水沖奔。自然界中，沖奔之水是難以滋養花木、莊稼的，需疏泄、截流，方不至於造成更大危害，故實務當中：

•以亥水重者多傷殘（一者亥亥自刑，二者水旺）。

五、水重者，常以戊土為堤岸，如此則能有「安穩生涯」。相反則是「隨波逐流」。轉化為十神格局論命：

●印多務虛不實，梟印重重，志高命薄。
●財能務實不虛，印見財則虛實得當、勞逸結合。

六、成格例：

丙午　辛亥　乙亥　戊寅　張懷大參。合殺留財。又三連環。

・偏印：癸

正為乙木之喜，又兼夏日之調候。得癸水者，有田園之樂（智潤情深）。

乙日子月

一、十一月乙木根葉淒苦，披霜覆雪。非得丙火消霜化雪方能伸展。十一月癸水司令，此為乙木固定所喜，並不因其時氣候寒冷而不用，應是：

●若要此時癸水得用，非得有火並用，若無火或「火不成格」，屬於性情陰涼，體質不佳類人。

●帶火者，情智健全。

二、十一月中氣冬至為北半球寒極之時，光照最少。冬至一過，太陽回轉，此即所謂「一陽來復」，此後之丙更加得力。

三、支成水局又透水，無火土者孤、殘。

四、與甲木大致相同——冬生宜以火食傷取暖，故以見食傷為情理之中的搭配。而透食傷者：

- 可以單透。
- 可以透財不透印。
- 可以透財殺。
- 可以透殺。
- 可以透印比。

壬子 壬子 乙丑 乙酉 知縣。

➤此命無火而成格——印透有比肩護衛，當有成就可言。

➤換做五行論命：成就緩慢（冬水生木）、不近人情（無火調候），陰冷有權（金水寒凝），遲滯（坐丑）從剛（半金局）。

➤是個成功人，但不好溝通，性情不佳，寫的文章恐怕也是酸腐類型——可以聯想現實中「有些領導陰陽怪氣，但卻有權有位」。

己未　乙亥　乙巳　丙戌　佘以中，進士。「天格」傷官生財。

五、乙木喜丙癸，正為傷官佩印或印用食傷之便利。

癸未　甲子　乙丑　丙子　王秩，通政。透印比劫，也成三連環。

六、冬之花草，外無生機，內部堅韌，一有溫暖環境即可生發。故乙木冬生重在貴人提攜與自我表現。

七、乙到亥為死，外象沉寂，內心堅韌孤獨。

• 比肩：乙

乙木見乙木正為「風吹草動」，一生易起波瀾。

乙木對乙木少有扶助功效，乃是互相推就。

乙日卯月

一、陽氣漸升，木已不寒。依「近於冬者用火，近於夏者用水」的原則，春分前（一般在3月21左右）仍是原則上火為優先——丙癸為乙木固定隨身所喜，又可兼為調候手段，是十干當中「好掌握」的一個。實務當中：

• 乙木人，只要給予適當環境，既能創造紛繁「財富」。

• 若天時不正，則為禁錮人性，毫無生趣——乙木只要有專才、專情、天時得當即有樂天知命之好人生。

二、例：

壬寅 癸卯 乙卯 丙子 張皇親。

➤一般訣法：「印旺者，或與母系親屬緣重、或與岳丈緣重」——需要地支年月有根氣（因年月為長輩的宮位），此命只是在時辰有印綬祿旺，則此訣所論多無效。

➤此命傷官與印同時透，又為傷丙、印癸，即是格局與喜忌同。

➤相關古籍以及只重調候、喜忌的初學者，常以為調候喜忌不可被剋、被困，如此命壬癸剋丙，會被認為是丙火無效。這其實是由於不懂格局效用和格局搭配造成的。

➤此命實務可論：印綬混雜浮於年月，宜假養於別家（浮著的印綬，可以看做是名義上的父母）。

三、乙木到卯，柔韌至剛。

•劫財：甲

藤蘿可繫甲：依附他人、自尊極強。

十干喜用中，五陰乾除辛外，都不大忌諱使用陽劫財。

乙日寅月

一、正月氣候仍似於寒冬，此間仍是以丙取暖。與冬月比：冬三月火多不燥，因土地凍結、寒濕故；而春寅，丙多則有春旱之嫌，因其土已開始解凍。

二、有關此月乙木，實務當中：

•以火多無水者濁富（什麼錢都掙）。

•丙癸得宜者則為上命（潤而不燥、富而有禮）。

•癸水多。困火者，謂之春寒——為寒士（苦讀書，有信仰，少變通，少社會實踐）。

三、調候之法，簡而言之即是「近於冬者用火，近於夏者用水」，春季火多則旱，水多則澇。換做十神體系：

•宜以「印配傷官」，或「食傷帶印比」為宜，近似於《子平真詮》「身印兩旺用食傷」之說。

四、乙木到寅，氣度老練。

第三節　丙火

丙干論

質虛——事情難做深入，但能做周全。
性烈——急，防衛過當。
聲雄、色紫、味苦。
剛而愎——不容侵犯，自主性強。
有才而不能有恆——不專心、定力不足。
激之則起，撲之則滅——易生易死，吉凶速顯。
自用太過——消耗自身。
好趨附——容易改變重心。

•正財：辛

辛金珠圓玉潤，對男性有很強「殺傷力」。丙辛合水反剋丙火，故男命丙火在十干之中，婚姻是為不幸：多情易被無情傷。

丙日坐辛透辛，財、情均不自然，戒玩物喪志。

丙日酉月

一、五行中，火不同於木：木具有生發、生長、長生之性，命理中常以木喻為人之生機、生命，是活的。火則是自然而然之物，隨時增減光輝。

二、酉八月之丙火，《造化，窮通》將其比作一天中酉時將要落山的太陽。此時的太陽光日薄西山，似乎只有映漾於湖海波光方顯其人英雄本色。故要丙火見壬：

•壬即是湖海波濤——美其名曰：水輔陽光。

三、不特如此，丙火固定之喜即是壬水，並不是酉月專需。我在《命理學教材第一級》中敘述了十干固定之喜的原理和推導，讀者若有不解，請詳細翻看「用神喜忌強弱」一章——

•甲不離庚，庚不離丁，丁不離甲
•乙不離丙癸
•丙不離壬
•戊不離甲
•己不離丙癸
•辛不離壬
•壬不離戊甲
•癸不離庚辛

四、那麼讀者在學習、操作當中必然會產生「有壬之命、無壬之命是何區別」的疑問。答案是：

•以自身所喜成格者，成就自然不費力，不論成敗其事業出於自身所喜，能有開創性、發揮性功業，事成之後能提攜他人。
•普通不帶日元喜用的格局則是在社會上「填空」、按部就班，他的事換了別人都能幹，即便是宰相、首輔也是難以實現自身天性所喜，為俗世俗務所忙。

•其它一些特殊格局比如天干雙清、金神、魁罡則多是強調特殊才能、特殊職業、特殊秉性。

五、若以「水輔陽光」而論，丙日酉月，當以見殺最合性情。

注意：五行派論法多講十干四季調候及十干自身之喜的配屬。而配屬之餘其格有用與否則不在類似《造化，窮通》等經典關注之中，不但不在其關注之中，反而有徐樂吾等先賢大師在其早年「行文隨意」之時，單純論喜忌調配而不論格局成敗，造成了今日很多「命理流行書」明顯有似是而非、不可操作、說之有理用之無法的讀後印象。

五行法經典著作中，因《五行大義》《五行精紀》較為久遠、術語不統，反而保存好些，三百年來的《造化玄鑰》、『攔江網』因十神法大行其道而被十神派的前賢改抄、改寫，尤其是近世多被不甚精通十神法的人所改寫，造就了「要麼拔高調候、喜忌，要麼認為無用」的現象。就如丙日酉月見壬，於十神派而言就有可能造成「財見七殺」的惡性搭配，極有可能貧賤，但過分拔高喜忌者，以為只要見壬必貴，這就是忽略喜忌調配之後是否成格的問題。

兩個問題：一者此見壬之調配效力如何？二者見壬之調配有用與否？可參看拙著《命理學教材第一級》，自然能明瞭五行法、十神法共融之道。

壬午　己酉　丙寅　壬辰　侍郎。壬透為殺，天干的傷官制住七殺，格成，壬也透。

壬辰　己酉　丙寅　己丑　江良才憲副。憲副類似於省部級紀檢、司法、監察官員，格成，壬也透。

六、丙辛合，辛出干但卻合而不化者，只好享福：

●年月之財無衝破者，有家長財福可享。

●若家長早逝、不在，則多是死守家業、儉貧之人。

●年月之好惡要落實於家長、日時之好惡亦要落實於妻子丈夫。

七、十干見合，透干反剋則似「從中作梗」，如：

辛〇 丁酉 丙〇 丁酉 此種八字的女命常被批為「好搬弄是非」，男命批為「家庭不和、義氣破財」。實務當中：

➤因財於女命為婆婆，比劫剋財即是婆媳犯沖。男命財為錢財、妻子、下屬。合中見剋乃有人從中作梗之意。讀者又可換五陰乾日元類比而推。需要注意的是：舊社會道統理法社會中，婆媳不好的惡名往往是要安在媳婦身上，今日我們則要公允對待此類批斷，以能直指人心為實務論命高級境界。

八、丙火剛烈，辛金柔媚，透辛者，超然氣概即無——優柔寡斷。

九、丙合辛為水，水又反剋丙，故男命丙日透辛，不宜在女人上太過遷就。

•偏財：庚

丙喜壬，庚喜丁——相互耽擱——故丙之偏財極易流失。

丙日申月

一、《造化，窮通》所論七月之丙類似八月，也是將丙比作太陽，申月比作申時。

•丙——四時光輝比作一日之太陽。

•申——一年之申月比作一日之申時。

二、申時太陽西斜，以江湖輔映之光輝比做太陽的存在，故丙火總是壬水不可缺少。

•造化之法，一曰調候，二曰喜忌。

•成敗之法，一曰天地人三元，二曰順逆，三曰變化。

就「造化」而言，春秋兩季的氣候較為適中，此時並不以滿足生存條件為第一努力，而是以人自身喜好為取捨標杆，也就是春秋二季重十干喜用，冬夏二季重調候。實務中，春秋二季之人以懂進退、能發揮自身特長為處世、處事要領。

三、七月之申庚為財，古籍經典大多以「從財格」最為奇妙。凡從財格，不宜見有反剋，不宜有泄財耗財之物。實務中，從財格之人，其妻能幹、能操持家務，妻之家族也多能幫扶本人。俗話就是「沾媳婦的光」。例：

戊戌 〇酉 丙申 〇酉 此命有劫財，但劫財被戊土化解生財，雖不為從財格，但卻為「財格有成」。用『子平真詮』的話說就是『財有食生，不怕比劫』。當然，擱在不讀《子平真詮》而只重《滴天髓》①的初學者，此命多半被稱為『從財格，不怕比劫虛透』。此命現為（2013）副市長，其妻操持家務井井有條。此命不論被稱為「從財格」還是「財逢食生」，均為財星重且不被剋倒、耗泄。但若以專業眼光看，此命存在「財化財」等瑕疵。

①任鐵樵注解的《滴天髓》。

戊戌　庚申　丙戌　丙申　三命通會列為貴命。此造同上，可認為是『財逢食生不怕比劫』，也會被認為是『從財不忌比劫虛透』。這兩造天干三連環，讀者參考「命理學教材第一級。

癸酉　庚申　丙子　丙申　賈似道。宋朝權臣。此命雖然財旺，但不稱為從財格，而是正官護財。以「訣法」觀點看：此命有『財氣被官星所泄、財化官、財生官』等要點。實務當中，財化官者，多有「裙帶關係」「錢權交易」等傾向。

以上三造均不透壬，只是藏壬。

四、申中財殺並旺——欲望與災難同步——其人要知進退。

五、丙戌日戊戌時，有兩劫財三食神，是制殺又合殺，此謂『法盡無民，明辨是非太過』（走入極端就是視法律為玩具，隨心所用），七殺之剋難以起效，不足以使此人慎守規法。

●食神：戊

丙喜壬，戊正剋壬，因愛心擠佔機遇。
土燥火烈，少生機，相互消耗。

丙日辰月

一、清明後進入三月，木氣始退而火氣漸升，此後一場雨水，氣溫就提升一次，若不降雨，不但天氣不爽，地中之水濕也被地表熱氣封固。此時之丙火：

●需得急雨洗地，使地表地心以水汽漫透，再以甲木破土，使濕氣徐徐外泄，方能經得住丙火照曬，而不至於地表熱、地心濕。故不離壬水。甲木為辰戌二月常用之物。

二、壬水於辰月造得清爽之氣，輔映太陽光輝。即是發揮壬水除燥、鎮熱功效。於實務中，丙用壬是指：丙火不可過於自我、不可過於俯視他人、莫要高高在上……

三、丙火喜壬，格局成敗上，七殺需制化：

〇〇 戊辰 丙申 壬〇 透殺透食，殺得制伏。

四、辰月喜甲疏土，透甲，但甲此時為梟：

〇〇 甲辰 丙寅 壬〇 此造食神不透，而透梟殺，故不存在「梟奪食」。

五、辰為官庫，本氣戊又為食——天生沉穩，公私兩宜。

丙日戌月

一、九月與三月正相反：辰月炎氣漸升，戌月火氣愈退。人命值此二月，常有不為人知之心腹事，常被外人誤解。辰月內冷外熱，戌月外冷內熱。丙火戌月：

●以甲木破開地氣、疏泄寒熱（天寒、地熱），再以固定搭配之壬水輔映光輝。

實務中：

●得甲木破土者，能糾「家境、鄉里之大勢」、「自立門戶」、「開闢新風氣」。

二、五行喜忌當中，以火土燥烈者易剋妻妨子，多為孤寡命。此說有相當道理：火土燥烈者，其人大多性躁不潤，欲求難滿，亦多生育系統疾病（壬癸被蒸烤之故），故而少子剋妻。

癸巳　壬戌　〇寅　〇午　水被熬干，生殖、泌尿、腎多疾病，視力不佳。

三、書云：「火土燥烈，雖不太旺，乃離鄉過房、奔流到老之命。僧道可免」。民間百姓遇剋性較大嬰兒，一般多用「過繼」、「認乾爹乾媽」、「出家」來化解，這些方法比較管用。我在實務當中，經常遇有大凶之年而無凶傷之例，這些人大多是在校學生、或者宅男宅女、或者不太出門辦事的人，讀者可以此類推。

四、「喜忌搭配」之實務法訣：

- 無壬少膽識。
- 無甲少靈性。
- 火土二局精神散漫。

•傷官：己

丙為己之喜，丙火自然而旺，不明自明，不烈自烈——成全他人屬自然而然之事。

己土能污壬水，己傷多者，恐不喜高潔，自甘「俗下」之流。

四季月為食傷：

——辰月，木性食神，溫和，有文才。

——戌月，金性食神，勞力，善理財。

——未月，火性傷官，傷六親。

——丑月，水性傷官，酒色傷身。

丙日丑月

一、預測學法理，要是用今日「西方科學思維」來審視的話：八字以太陽恒星為天文基準，紫微斗數以月亮衛星為天文基準，六爻以日地關係為準……

二、《造化，窮通》論：「丙在丑月，氣進二陽，故而專壬為用」。所謂氣進二陽即是指二十四節氣的丑月中氣大寒。小寒、大寒前的冬至，在北半球是陽光與地面夾角開始由最小變大之時，此時刻在命理學中多稱為「冬至一陽生」，代表丑月的中氣大寒則為二陽。丙火在五行論命體系中常被比喻為太陽，於小寒大寒之丑月，太陽更回向北照而與人更近。

三、丙火之用壬是固定配屬，並不因冬三月寒冷，壬能增加水寒而變為「不喜」。須知：子平命理以日為主，這以日為主也是十二月四季之日，因時而有變或不變，不變者為固定配屬，變者，因四季氣候變異而作『強弱』調整。

四、以入門的初學者常言之「強弱」而論：十二月丑當令，是為身弱。而四季氣候論：此時太陽回歸，丙開始轉旺。這兩者論述都有道理，之所以給人以矛盾錯覺主要是因未明瞭：

●前者論丙之身強身弱是十神法範疇，是測量『社會表現』的砝碼。

●後者丙『回歸』、『復強』是五行法範疇，是衡量丙之自然基因純正程度的一種表達。

① 傳統文化中有很多同字同詞而意義相差甚遠的現象。比如『二陽』在醫學中是指「陽明」，在八卦中是指九二陽爻。民俗中有『三羊開泰』一詞，實際上是『三陽開泰』：乾卦上三陽爻破開變為陰爻，就是地天泰卦。讀者宜多瞭解傳統文化，對瞭解命理學必有益處。

實務中，只重『強弱論』者，此時若要用甲，多會被解釋為『扶身』。重『五行性』者，此時用甲多會被解釋為『疏土』、『接收陽氣』。我們應該合論：甲既有扶身一面，更有破除阻力一面。在具體建議中可論為『靠山』、『宗族』、『立身之技』、『化解』……

甲戌 丁丑 丙申 己丑 林啟解元。

➤ 強弱論者：甲木扶身，其人知自保，有專才。

➤ 格用論者：甲梟見劫財可以透傷官，格成可用，有作為。

➤ 五行論者：甲木破土，祖上有開創之力，本人有異途功名，善另闢蹊徑。

丙日未月

一、丙火在『造化』中，時而被喻為太陽，時而被喻為陽氣，有時候是陽光……意喻不同則映射人生角度不同。太陽者，取其不生不滅、自然而然、事不關己、普照無遺之象；喻以陽光則常常帶出強弱之論。

二、六月之丙，已過夏至，陽氣退，太陽回南，光熱消退，此時仍以壬為第一配屬，是謂自然性選擇。用壬一是為了消炎暑，二是為了輔映陽光。於實務中即是：

- 六月無水（壬），熱極生寒，體濕血冷。
- 有壬者，三伏生寒，可養萬物、恩惠他人。

三、書云：『壬少被己土傷剋者，因循守舊、腐儒俗子』——相反，壬得庚生助，敢干能創——此皆過程性：

- 月令透多，反剋調候：舊俗勢大——因循守舊。
- 有生助調候者：破除現實勢力比較順利——敢於創新。

•正官：癸

煙消雲散之象，日出而露水蒸發。柔水難制烈火，故癸水正官無多大約束力，只作裝飾性名利。

丙日子月

一、子月之冬至為太陽回照北半球之時，稱為「一陽生」。子時則是一天中太陽最低回高之時——子雖為陰柔之極，但內蘊「陽氣」，此正所謂「陰陽互根」。

二、因十一月之丙太陽回照，故丙有轉強之勢，此時仍用壬水為固定配屬。於實務中：水多時宜戊制——十干過強皆然。於丙火則是官殺多宜見食神，此類人多屬高級人才。

•官見食，事無巨細之管理人才。

•殺見食，藝高人膽大之技術類人才。

壬午　丁未　丙子　戊戌　男。網絡例。雖不為子月，但食神透出制伏明殺，此人從事於精密加工行業。

三、水土多者易成濕濁。戊見水多，胃濕寒；己見水多，脾陽不升、脾氣虛、脫肛。此時更宜再有丙火比肩調候。

己亥　丙子　丙申　己亥　周其雍都堂。

➤ 比劫丙火虛透，但不通根坐旺，無實質兄弟助益，只是「兄弟共財」而已。

己卯　丙子　丙午　癸巳　真人。丙坐沖，兄弟分離之象。實務中，已知此人為道士，則批語上宜向「修行」傾斜，少提及俗事：

➤ 青中年時代有宗派道友對峙、相互借力、相互有制之象。

四、丙喜壬，然壬為殺，壬出者，或制殺，或合殺，或化殺，或從殺。

癸亥　甲子　丙申　壬辰　河南周玉賢。天格印化官殺。

丁未　壬子　丙辰　庚寅　甘為霖，尚書。「土木工程」出身。合殺留財。

•七殺：壬

水火既濟之象。壬水寒冷急流（寒流）而抵太陽灼熱。故壬水七殺者，明斷是非，理智雙全。壬喜戊，戊厚而重，丙生戊燥烈，正好剋壬。故以食神制殺最為常用。而丙火高照，壬水低流，丙只需旺即可抵殺——陽刃駕殺也為常用。

丙日亥月

一、十月有壬，生來得喜。《造化，窮通》其言丙不離壬者乃固定搭配：

•於人身——小腸常熱，壬水寒冷，如此平衡可保健康。

•於性情——心態超然、高高在上者，須使其俯視人間、關心社會。

•於功業而言——應以開創性事業為特選。

二、冬月，水處旺地；前半夜，陰氣處盛時。故實務當中，水旺而多者——月時帶水——阻力大、陰氣重。如要解決，無非是：

●泄壓（甲）。
●反制（戊）。
●除濕寒（丙）。

換做批語：

●甲——貴人扶持、特殊技能養家。
●丙——同仁、仿照、借鑒、堅持、得人提攜、向陽而居。
●戊——算計、計劃、針對。

三、雜例——均為火坐水地：

丁丑　丁亥　丙子　壬辰　雙目失明。

癸卯　乙丑　戊子　丙辰　雙目失明。

•正印：乙

丙火曬乾乙草，故乙木只具裝飾性清名之用，而不論才學大小。

丙日卯月

一、二月，清氣徐徐上升（地濕化熱）。丙火從自然性上總不離壬水，只因氣候不同而在透藏上有所調整。

二、壬水即為丙之七殺，五陽干除庚外均以陰陽同性互剋之物為自然性之調節。總不外乎「節制之意」。

三、實務中有「丙火多能曬乾乙草」之訣，此訣約有如下運用：

•並不一定非是卯月，可以是天干之乙木身臨丙巳火重重——肝病（比如出生時有黃疸）。

•並不一定非指卯月，可以是丙火身強，身強本不勞再去印生，若此時再得乙木貼身，多為舌辯、是非之人。

〇巳 〇巳 乙〇 〇〇 黃疸。

〇〇 〇午 丙午 乙未 舌辯、是非。

•偏印：甲

木性直，火性烈，兩相結合：人性執而偏。

丙日寅月

一、冬至一陽、大寒二陽、立春三陽。寅月地氣動、開始蘊熱。

二、丙火可為光、可為陽、可為火。寅月之丙常被稱為回春之陽，此時能欺霜辱雪、消寒增暖。丙火除去大地之表寒而與地心內熱對交，但極有可能造成春旱。倘若體用互換，即巳時值春月，丙火日元立命，此時仍是要以壬水而不使春月過燥，得壬水可成春月之『水火既濟』，如此則乾坤清朗、不凝不燥。

三、於實務中，寅中甲丙戊主人青年時代：

•「丙比」主爭。

•「甲梟」主家風。

•戊土主財。

●三者一體，可論其人青年時代於爭鬧、風俗不樸之鄉里家族自謀生路，急須使其獨立（壬剋丙而孤獨），方能鬧中取靜，辟得新生。

四、任何事情都是過猶不及：春月壬水過多反有春寒之象，翻譯成十神法即是『殺多而了無生意』——此人易尋訊滋事、傷朋害友。明殺還得明制化。古例：

壬申 壬寅 丙寅 戊戌 王俊尚書。李廷龍大參同此八字。明殺有制。

五、寅月可成火局，火局無水者歲運見一滴水，易犯凶災。經文常有：『火土熬干癸水，雙眼無痛』——火局見無根水，易犯傷災目疾。下為擴展例，無關丙火寅月：

丁未 甲辰 丙午 癸巳 自幼失明。

➤此命癸水雖有根氣，但其左右均為火氣，可論為腎衰導致的視力問題。

戊子 庚申 乙酉 甲申 小時候失明。

➤「失明」於常人百姓而言就是『看不見』、『眼睛出問題』。但對於醫家專業人士而言則是變化萬千。如此命明顯是木被金伐、水被金石所塞，為肝腎兩損、精氣不足、血不能養目，弱視的一種。上造則為群火熬水，腎虧，木無所養。同為失明，原因不同。

➤ 關於學命，要麼學精，要麼不學，正是此因。

六、丙喜壬，為七殺。格局上對待七殺之法不外乎：合殺、制殺、架殺、化殺……

戊寅 己卯 丙寅 壬辰 王渤，解元。制殺。

壬寅 壬寅 丙午 壬辰 高琅，進士。殺見羊刃，可以不制。架殺、三朋。

己巳 丁卯 丙午 壬辰 寺丞。制殺、也為合殺。

七、【提要】：

•十神法，尤其是《子平真詮》認為以「用神有力者、有情者、為最貴八字」。所謂有情、有力，就是善神善用，凶神逆用，且能同根透。以丙生寅月為例：

丙——寅——甲：印（梟）

丙：比

戊：食

若能成印格身印兩旺用食神最貴：

甲〇 丙寅 丙〇 戊〇

• 五行十干喜忌之原理信奉者則多認為：格局能成為喜用搭配得當者即為最自然。如丙以壬為日元喜用，故不論是何主格，若能壬水七殺得用且與主格搭配得當者為最好。此處之好是指：

a）調候成格搭配得當——順應社會潮流，有益社會。

b）日元之喜成格搭配得當——以喜好為行業，可提攜他人。

c）其餘十神成格——以自身才能為成功依靠，仰人鼻息。

八、丙日寅月印綬格，正為十二運之「長生」，名副其實。其人樂觀、積極。丙日卯月印綬格，為沐浴，其人愛反思，常瞻前顧後。

•比肩：丙

天中一日既已天地溫暖，若太陽太多，則酷烈難當。

丙日巳月

一、巳為丙之建祿。建祿者：當權施政之地，領取俸祿之所，為「我」之正位。得建祿，正能體現我之本性。

二、此時，炎勢莫當，當以壬水解除威炎，成就水火既濟之功。需要注意的是：

- 夏季用水需得注意水是否有源。
- 冬用火，火是否有生。

此時用壬，一般要以庚金為源，則壬水不至於乾涸。換為十神法即是財殺同有。再上升到格局成敗：凡財殺同透者，可見食傷、印綬。當然，這只是理論，於實務當中，丙日庚壬雙見之巳月，只有如下兩種排法，第一個可以成格，第二個至少天格不成。

壬○　乙巳　丙○　庚○
庚○　辛巳　丙○　壬○

●劫財：丁

如螢光比皓月，燈燭比太陽，丁火為可有可無之隨從。

丁合壬，正為丙之喜，故丁劫財非只劫財，更劫機遇、愛好（烏合之眾，弄巧成拙）。

丙日午月

一、午為陽刃，尤其夏至之時，陽氣已至巔峰，最為強盛之時。

二、『亢龍有悔』，五陽干於陽刃之位，雖為至盛之處，也是最虛弱之地：

●當以我為體時，則是我掌控力最強，逼得外界變強。

●當以我為用時，即是外因處在最強之時，我也不得不跟著變強。

●這是一種掏光體力、心力式的平衡，其人處在勞心勞力的邊緣，經不起刺激，稍有沖刑就會發作，故言其弱。

我們經常說『一個人到處發脾氣不是因為他厲害，而是因為他內心有恐懼』，正是此理。

三、仍是庚壬配合，壬需要有源方能持久：

庚申　壬午　丙〇　〇〇　申中有壬，此為天透地藏，再得庚金貼身相生，正是《欄綱網全集》所論：「坐實逢生為有力」。

➤此命財殺相生，時干可再透食神傷官正印偏印，此為用格之法。

➤若再透財、殺、正官，雖然得調候喜忌相配，終為無成。

庚辰　壬午　丙寅　己丑　劉提刑。初學者一般只知得調候、日元喜用是好事，但卻不太知道具體好在何處。往大處說是機會、潮流，往小處說是特長、愛好。

➤此命庚輔壬，庚為刀槍劍戟，辰為刑獄牢房，庚辰一柱入命，其人多近刑典。

➤庚為壬之輔，此人當擅長、愛好刑獄，也可以此為進身之途。

當然這是事後所論，但經我長期應用，很能直指人心。此種論法可替人選擇職業、捷徑、教育方向。讀者當多留心於此——調候喜忌的干支類象。

四、實務中，丙日午月，火極旺之時：

●不可再形成水入群火之勢，否則多易傷殘。

●不宜火土二局——剋子、孤寡，僧道稍可。

五、水火搭配得當名為「水火既濟」——為人有智而好禮。若一旦失衡則或燥或濕，或激進或懦弱。

第四節　丁火

丁干論

有內助之德——善理內事、小事。
質媚——浮誇、好媚，希望人注意自己。
聲清而亮，體秀而揚。
便捷——隨想隨做。
輕重合宜——善待價而沽。
得時能熔強暴，失時窮愁呻吟——以物喜，以己悲。
幽人怨婦——難纏。
性柔而險——只可親近，不可深交。

•正財：庚

火煉頑金，去其寒氣而已，難以銷融，須得丁火身旺，或帶甲印方好。否則少耐心——效用不大，只可享福。

甲不離庚，庚不離丁，丁不離甲，若再帶甲，互為貴人。

丁日申月

一、丁不離甲庚之原因經常是出於比擬自然界現象：

•丁為火星，可從「鑽木」而得（甲）。又可出於「火石激碰」（庚為石、鋼）。

•或者丁為人間炊火，甲為柴薪，庚為斧頭，斧劈柴而好燒火做飯。

二、丁火常被比作燈燭、微光、星光，似乎總有不堪風雨、撲閃不定之患。於實務當中，若要丁日主活地自然、舒展：

●務必使火有源——甲木，再隨季節氣候而作其它調整。

三、七月丁火退氣，丁火此時是為陰柔之光火，但總不離甲木配屬。命理實踐中，當前以「五行派」、「十神派」為主流：

●五行派之丁用甲，意在繼光、續火，轉化為批語是：成就自然、會養生、善自保、有機會、能有依附。

●十神法之丁用甲，是用正印，轉為批語：文才、父母君恩、庇護、托人之福蔭。

●一從生長、存在的角度，一從社會發展的角度。初學者的苦惱就是分不清各種論法的界限，誤以為只要丁佩甲必能富貴，而實質上是：十干都能讓丁富貴，只是因條件變化。而感受的過程、結果不一樣——俗人眼中只知他是富貴中人、卻體會不到他是怎樣的富貴。讀者讀到此處自然明瞭：十神法告之以「可否富貴」，五行法告之以「何樣的富貴」。

四、丁喜甲，甲為正印，出干即須生護——

甲辰　壬申　丁丑　甲辰　王塚宰。塚宰在明朝多為吏部官員，多掌人事權力。

●偏財：辛

火煉精金，提煉純度。故控制力極強——專斷、獨裁。

辛喜壬，丁合壬——丁火煉辛：既控制它、也限制它。

丁日酉月

一、八月二月為陰陽持平之月，俗語有云：『二八月裡亂穿衣』。二八月熱不熱、冷不冷，尤其春分秋分之時，太陽直射赤道，晝夜平均——此為氣候。

二、丁火於此時並無陰陽寒暖之偏，而仍是以甲庚為主，調節本性為先——《命理學教材第一級》中提到：命中五行以水火為先，此為生存生長第一調節要務，即調候。金木則是生存之後、發展方式的問題：是進？是退？是取？是捨？

三、此月丁火在實務當中常有「棄命從財」一論，即『八月一派辛金，無比劫，富而且貴』。《造化，窮通》舉這樣一個例子：

丁未　己酉　丁丑　辛亥　太守。此命被列為從財格，但其實仍可以普通財格而論。

又比如：

丁酉 己酉 丁未 辛亥 張程翰林。

戊申 辛酉 丁未 庚戌 張洽閣老。張程、張洽這兩造均為財格，天干得食傷之生。舉出這些例子是想說：我們經常所說的從格，其實按照一般常格都能解釋。一般的常規格局常被人「弄做」從化格局。這種混亂，又讓初學者情何以堪。並不如我本人在《命理學教材第一級》中解釋的天地人三元法實用。

【擴展】：

之所以幾百年來有很多人爭議從格有特殊法則（比如「比劫無氣亦可論從」這一所謂任注《滴天髓》經常使用的法則），實際上在很多情況下是由其它原因造成的偶爾、似乎、或許可以的假像，其中之一是：古人推時辰不準乃很平常之事：

A. 辛亥 丁酉 丁卯 庚子

——某丞相命造。若被認為時辰準確，勢必因其是丞相而要承認『比劫虛透可以論從』之說。但若推前一個時辰為「辛亥 丁酉 丙寅 己亥」此命更可以成格，不必論從。

B. 辛丑　丁酉　丁酉　辛丑

——某尚書命造。此命被列為天干雙清，天干雙清也是一種良好格局，多主其人人品清純，常被特殊提拔。此命也被列為從財格，不怕比肩虛透。但若推後一個時辰則為「辛丑 丁酉 丁酉 壬寅」也可成格。到底是『天干雙清』起作用，還是『比劫虛透無用』起作用，還是時辰不對？

C. 辛丑　丁酉　丁巳　丁未

——某巨富命。推後一個時辰為「辛丑 丁酉 丁巳 戊申」，為財得傷官之生，很好的格局。

D. 辛未　丁酉　丁卯　丙午

——鄭寺簿。推前一個時辰為「辛未　丁酉　丁卯　乙巳」，為財印遠隔，正合「寺簿」職能，也是不錯的八字。

我們今日沒有完整的命主資料，無法校正時辰。倘若我們身在當時，對於第一個丞相命，我們只觀察晚年人緣如何即可辨清時辰——丁卯庚子：殺印相刑，處處是非；丙寅己亥：小人服帖為我所用。第二造丁酉辛丑：以財理財。丁酉壬寅：近官利貴。第三造丁巳丁未：兄弟之財又盡散於兄弟；丁巳戊申：到老仍堅持理財、源源不斷……所以說，學習命理的路上有很多攔路虎，學說混亂、時辰不準、顛倒黑白、從不實踐等等，個個要「命」。

四、酉為天乙貴人，八字祥和者（官印食輔財格）易得女人緣，又易得貴人財。

●食神：己

己薄而常濕，丁火不但難以「照暖」，且己土有晦火之嫌——己、丑多者，水濕性心血疾病。

己合甲，正為丁之原神，己能耽擱丁火。

丁日丑月

一、辰戌丑未為土，於醫家五行而言為『濕』。各土又有不同：辰戌二土，氣溫稍平。丑未則較為極端：

●未月內熱極而外生寒。

●丑月內寒極而外陽暖復回。

二、丁於丑月為濕焰，猶如燈燭獨照於夜間陰濕寒冷的空房，不能取暖，反襯淒涼。常言己土能晦丁火，於實務中：

●地支丑多、丁無根坐於其上者，多患風濕、心血等類疾病，與人生而言則是「力不從心」之象。

三、五行法在推斷富貴成敗上，是可以作為必要條件，但還不能成為充分條件。而論斷人的健康、性情卻極為充分，自成一體。《命理學教材第一級》中，我將用神分為自然性用神和社會性用神，五行法的核心就是自然性用神，以推斷人之自然傾向為首選。

●《造化，窮通》系列命書，應是借鑒了醫家五行論述的傑作，而又被財官派大師拿來改編，企圖使之融入十神法。

四、仍是以佩甲為彌補自身缺陷之要，有甲而透者：

●於五行性而言，此人有可依賴，心智長明。

●於十神性而言：賴人提攜，得人庇護（母系親屬，妻家勢力）。

五、臘月寒，丁火此時不照暖萬物，只是淒涼自生，若要萬物抖擻精神，可再透丙火除寒。

於實務中：

●不透丙者，其人縱便成績輝煌也只是少數人能理解（孤寒）。透用丙者，成就熱鬧、繁榮於大眾。

庚寅 己丑 丁丑 丙午 舉人。丙時透干，可論晚年發於兄弟，晚年熱鬧非常。

癸丑 乙丑 丁亥 辛亥 俞同知。無丙，但卻財殺印三全成格。

➤此命可論：陰沉、專權、不合群。調候喜忌之搭配論人才學、品性，其驗如神，直指人心。欲習上乘命理，務必留心於此。

丁日未月

一、未月，大地內熱，陽熱極而轉生陰寒。值此之丁，猶如油燈將侵沒之燈芯，急切之事是將燈芯挑正，勿使燈油侵沒，故仍用甲。甲木條達，有疏通、扶正之意。扶正之外，又用水調節夏季炎熱，不使過熱。實務當中即是：

- 凡人濕病（土），生氣必鬱，此時用風藥（風屬木）可勝濕病，如白芍（乙）、茵陳（甲）、柴胡（甲乙），不使未中之木受濕熱之罪。壬水寒鎮——膀胱泄熱，如澤瀉、黃柏等。壬甲雙用，則濕可去，熱亦可除。
- 又丁火日元此時生於餘氣月，土當令，實踐當中丁火少而土多極者，胸悶、血壓低、血管阻塞，故用甲木疏通心血管正當適宜。
- 濕病多痰，甲木剋土有（竹茹、竹瀝）破痰功效：
- 丁之辰未熱痰——冠狀動脈狹窄、心煩不眠、神智昏迷。
- 乙之辰未熱痰——肝風、肝痰，小兒驚風、癲癇。
- 此種論法用於養生調攝，屢試屢驗——「五行論命」源於「醫家五行」論病之一證。
- 人命食傷多而無財、印者，有善心少善舉，或是有綱領無行動。

二、食神者，內秀內斂，透出者可論有專才、技藝。論人職業時，看其如何搭配而定，比如比劫食神——比劫主力、為四肢，比劫之食神即是其人勇武，多為武職，比如跳舞、武術——身體四肢的技術。其餘配合關注《十神訣法總錄》：

丁亥　丁未　丁卯　己酉　楊令公。

癸巳　己未　丁巳　壬寅　總兵。

癸巳　己未　丁未　壬寅　總兵。

若論區別：

➤第一個楊令公，比肩食神透：武藝高強。支合印干透比：自信、身先士卒。卯酉財印沖：臨事猶豫、有「糧草」不濟之患。

➤二造三造，天干食神制殺留官：膽大心細，善理危局，常處複雜局面。地支比劫遍地：勇力過人。

•傷官：戊

戊乃泰山不靈土，丁火於戊作用甚少，反生拖累——徒費心力。
戊喜甲，丁喜甲，道同（喜甲）志不合（七殺、正印）。

丁日辰月

一、辰月地氣之濕寒（土為濕，水為寒）需要透出地表與將熱之天氣相交，若得一甲木通根於地、發榮於天，則無不宜。故辰月總要考慮用甲，不特丁火日元如此，其餘日元均要考慮——此又調候之一定律。實務當中，丁火三月甲木透藏得用者：

•得天時地利。
•得「正印」所示社會關係的便利。
•得具有甲木特徵之人提攜。

二、凡調候得當者，多是聰明異常、有獨特見解、通曉人情之人。故《造化，窮通》等書以之為科舉得中的重要標準。在今日而言就是：考學、做學術、特殊創作、搞技術發明、宗教、文藝、修行……

三、辰戌丑未能三種合化：三合、三會、四見土，故四土月較之其它月份，其人青年時代常有不為人所知的生活私隱——

●其性質隨境遇而變。

四、「合會透藏」易出大吉大凶：支寅卯辰局，丁火於其上者，木多火塞，多心血疾患，比如心肌梗塞。申子辰水局又透水，多病多夭。倘若木局木方混，則少得父母庇護，晚年也難享子女之福。

五、成格例：

丁亥　甲辰　丁亥　甲辰　狀元。天干雙清，比肩護印，支官殺局。以清純取勝。

壬辰　甲辰　丁亥　乙巳　王侍郎。雖印混，但官印相生。

丁亥　甲辰　丁亥　乙巳　常人。印混、不得官貴之氣，少得庇護。因濁而敗。

丁日戌月

一、戌月土地蘊熱，天氣寒涼，透甲破土以使相交，則寒、濕、熱得以均衡。

二、對於丁日而言，此甲正是十神體系中的正印。實務中，正印有：貴人、長上、恩惠、家風國風……含義，得此調節天時地利者，可有恩庇之福。

三、用甲只是單項成敗吉凶法則，具體到一個八字，則要看情況對待。命理學教材只可能教授各門類的單項法則，不可能具體去教一個個八字的批斷，那些神奇的「鐵口直斷」是以廣告效應為出發點，神準的背後是要組合不同的調理、法則。學者在學習本書之餘，即要思考在面對一個八字時，如何組合使用諸多單項法則。如辰月可三合水，可三會木，若此時透甲當如何解釋，有什麼用處，或者說還是不是要透甲破土？戌月也是如此。但倘若我們明白透甲是作何用，則不會有如此困惑：

●丁生四季用甲——調節天時地利，使人有志——針對土藏水火二氣而論——若水火透藏成群，透甲的效用並不明顯。

●三會局、三合局能使單支變性。三會局使單支力量加強，三合局則是既保持自身特性，又能團隊作戰——三合局怕「反剋五行」壓制，三會局，誰挨著就傷誰。

四、例：

庚午　丙戌　丁未　壬寅　《造化，窮通》批曰：『支中火多扶丁，得庚丙透，玉堂清貴無疑』！這種批法會讓初學者有如下疑惑：1，支中火多扶丁——難道是身強為好命前提？2，得庚丙透就是好命——這不是劫財破財麼，如這能好命，那說明財可以不遵守順用原則？？說明五行性法則高於十神法則？？？

所以很多初學者認為《造化，窮通》等書是一派胡言，也是相當地情有可原。本教材是屬於二級教材，在這種教材深度上，讀者應試圖建立如下批命思路，以此八字為例：

➤論成敗——天干財官透，正財有護，天格成，可保尊榮。

➤論過程——火局透水反剋火氣，又有金發水源，氣候得當，當為才、情、智、識兼備之人（我們不以品級論高低，而以是否通曉人情而論過程）。

➤論細節——支火局，天干順逆得當，財官無根，劫財得用，可為『意見領袖』。財先破，而官後成。

•正官：壬

丁喜甲，丁壬合化為木，壬為正官，透甲可貴——順生。

如河上流放的燈燭——壬為江河，丁隨壬合，有隨波逐流之象。女命丁火無根見壬者，情海漂泊。

丁日亥月

一、三冬之丁通常被比喻為寒燈、融融之火，尤其於晚上生的，更被比作燈燭，倘若此時再有癸水，更似『雪夜燈光』。這種比喻，既有相當的文學美，也容易讓人很快領會自己出生之時的風水、天文、地理景象。不特如此，自家祖父、父親陰宅也多能應。學者如能對傳統詩詞、文藝有心得，則批命時也能勝人一籌。

•癸——雨雪。

•丁——燈燭、漁火。

•戌到丑時——夜。

●三春之火其氣溫然。
●夏令之火陽氣至極。
●三秋之火炎退。
●冬月之火人可親近。

丁亥　丁未　辛卯　丁酉　女命①。《命理學教材第一級》例。此命出生於爐灶旁，其母正當折柴生火做飯、掏爐膛之灰時將其產於草木灰中（類似下圖）：

①本教材凡不特殊標注女命時，即為男命。

➤三合木局天干火星一片，不正是燒過的柴灰麼！這種例子很多，其風水之應，小則一步之內，大可至方圓三五裡。

〇寅 〇寅 壬寅 乙〇 此人祖父葬於松林之崗。正和寅木遍地成群之象。其妻八字亦有寅卯辰三合局。葬地如下圖：

十月之丁就五行性而言，仍是兩方調配：甲為引火之物，丙除寒氣。倘若將五行性引入命之成敗來考察，則是要以人事順逆為原則：

●甲——印。官殺混雜時可用、比肩可用、財須遠離。

●丙——劫。用之生食神，用之抗殺。

丁亥　辛亥　丁丑　甲辰　巨富。甲木之意：五行性在於引火、扶正，可使人心智明朗。十神性在於扶身、引動地支官殺。

二、丁喜甲，亥中帶甲，故胎位之官，天生有福。

•七殺：癸

癸水專善剋火（陰對陰，陽對陽之七殺剋制最為無情），正所謂重露繁霜滅丁火——陰濕無情。

丁喜甲，癸水入木而無形，有甲出，不怕癸水。

丁日子月

一、注意：關於八字格局稱謂，自古以來就不統一，我在此再做一次實務層次的解釋。關於立格方法《命理學教材第一級》介紹了三種——注意這只是立格的方法，而不是立好的三種格局：

•以月令立格——

a）月支即是格局。月支換算為天干，看是日元的何種十神即是什麼格局——這種方法立格局的後果：因一個八字只有一個月令，因此八字就會被認為只有一個格局，我們就稱這個八字是為某某格局的八字。其餘部位的干支不叫做格局，而叫做格局的「用」、「忌神」、「相神」、「閑神」等等。

b) 其相關法理在八字本身使用較為妥貼，不善於流年推導——我講課中之所以不重視這個方法，原因就是不能兼顧流年。

c) 針對的是人一生富貴貧賤夭壽的極限——意思是說月令地支得到良好使用，可以知道一個人一生的作為有多廣大、從什麼時候開始到什麼時候結束，健康如何等等。比如月支得用，即是以下第二中立格方法立的其中一種或幾種，其效用則是看為哪一種樣式而定：月支不透，只是青年愛好、安靜的機緣、穩定的十幾年時光——是財，則為有好的財緣、異性緣，父母和自身穩定的收入；是官，則為有好的人緣、教育、父母和自己有好的社會關係網。不透的，即是不表現出來，透的即是別人能看出來；過了青年時代後，就又要根據日支、或者其它合局、透藏而定具體的生涯內容。月支透而成格，青年時代即有事業可言。至於到底是多大的作為，則是其他因素一塊決定的。若月令不得用時，那可能就是少年時曇花一現，或者婚後有成。青年時代蹉跎、反復。

d) 並不是說只有月令地支得用的八字才是最富貴八字。而是月令地支能配合全域得用時其人青年時代就有社會機緣和自身才能兩項優勢。日支的，時支的，偏重於個人才能，要靠自己去創造——因八字分為年月左部，日時右部兩部分。左部主社會、家族、我之外的東西，是我世界觀人生觀的主因；日時主家庭、人際、我之才能等我之內的東西，是內因。

e) 這一種立格方法旨在強調月令重要性。重要就重要在：其人的事業是家庭、社會因素推就的？還是自身追求為主因推動的？

• 以天透地藏立格——

a) 以八字中的天透地藏為標準的格局，天透地藏即是天干在地支有根。

b) 以天透而地支無根為虛浮的格，其作用可橫跨一生，但虛有其表，沒有相對應的真才實學。

c) 以地支為地藏的格，其作用以十五年為最大效用，不參與一生外在作為，有才學但不為人重視。

d) 以透藏區分格局效用大小，既可用於八字本身，也可用於大運流年。

e) 這一項立格方法，是將八字中的除日元外所有字都稱為格，只不過是以透藏的不同樣式來衡量格局效用的大小而已。確切地說：這一立格方法表明了八字裡「有」多少格局，「有什麼」格局，而不是表明這個八字「是什麼」格局。相比較第一種立格方法，第一種實際上是要定出來這個八字「是什麼」格局。

● 以三合、地支四見為局——三合之效用相當於天透地藏；地支四見的功效也同於天透地藏，但雜亂不專心。擅長於推斷流年。

a) 與第一項立格方法比較，無非是月令之外的地支還有生扶、收藏月令之物。

b) 與第二項立格方法比較，無非是地藏的格局達到了或三或四的規模而已。

二、丁火喜甲，為印，正好為七殺格之所可用——七殺用印。又冬生喜火調候，火為比劫，七殺用印之時正可帶出比劫。

甲午 丙子 丁未 甲辰 王廷相，尚書。丙火調候。

甲申 丙子 丁卯 辛丑 賈淇，知府。

三、書云：『冬水癸多，全無印比，可為棄命從煞，若見比劫出干，不成從格，反主骨肉浮雲、六親流水』。關於從格，古人有如下心得：

- 陰乾陽干都可論從，相較而言，陰乾更容易從。
- 五行之中，火土金水易從，陽木難從。

從實務角度，讀者還要重視『貴命多清純』之說——以七殺格論：

- 如殺透，不再見官透，此為清。
- 不論制化，天干雙清，三朋也可論清。
- 地支亦不見官，此為純。
- 從殺可以見財，而財以不混為佳（正偏財混）。

丁丑　壬子　丁亥　辛亥　皇親。有人批曰：『子丑亥相連，只因丁陰柔，故吉』。很顯然這是站在陰柔之丁「易從」的角度。此命為皇親，皇親是個什麼命？言其從，難道欲要證明皇親是富貴之命，若言其不從，難道可以推出其人少建功業。其人生平無從考證，無法證實這個所謂從格到底有多貴，是自身才能使然，還是另有玄機？我們在實務當中：

➤以官殺旺多之命，遇日元生旺歲運多損親人、多傷殘來論。

•正印：甲

貴人有三：天乙、天月乃神煞；正官正印乃人事；十干喜用、調候乃機會。甲者，人事、機會兼得。

丁日寅月

一、正月之丁，木旺，甲正當時，自能引丁，論其有自然之福、青年時代元氣穩固。

二、十干喜用及四季調候在乎有與無。吉凶程度則賴於強弱程度而定。不論調候喜用其透藏之多寡，總要符合量變導致質變這一強弱規律。由量變導致質變這一規則，適用任何一個干支，不論是否為喜用：

•甲木一派，窮夭。

•支火局，寅化為火，不見水，孤獨僧道（有修行、出世心）。

•天干全壬癸混，甲不透，亦為窮困——壬壬丁癸。

甲戌 丙寅 丁丑 乙巳 陳仁布政。

壬戌 壬寅 丁丑 乙巳 賊。這兩造地支相同，日元同，天格均成。也許八字有誤，也許無誤。給我們的啟示是：做案例要詳細，比如我們要記錄陳仁布政是否有偷東西的前科、習慣。『賊』是否有功名在身。

辛卯 庚寅 丁酉 癸卯 女命。貧賤。初學者遇此命可能會認為：『月令印、天干財殺，這不是財殺印全麼，是謂『三奇』，如何為貧賤之命』。這種看法、論法也普遍存在於各大名著。論命不是數數，如此這種看法實際上是不瞭解「三命」的含意：天干有天干的規律，地支有地支的規律，兩者不能同時相提並論，都只是在各自的層次依照各自的規律運行。

我們今日很多初學者還總是以地支能生剋天干，天干能生剋地支而將八字『約盡』，其實是算術題，想得太簡單了。

➤ 此命天干無印，只能是月令印格，八字天干「財見殺」，天格敗——很有才學，但在社會上是個失敗者。

•偏印：乙

乙為禾苗，為濕木，為枝葉，難引丁火。倘乙木多，反有熄火隱患——反生為害。
乙見癸多為濕乙，乙見丙多為乾草，濕乙傷丁火，乾草可引丁火。

丁日卯月

一、二月，『濕乙傷丁』①。五行當中，木是『生、發、進取』的象徵，火是『熱、能、發散』的象徵，金是『消、亡、收斂』的象徵，水為『收、藏、孕育』的象徵，土則是『承、載、運化』的象徵。故，日元為丙丁於四季十二月，多被比喻為光能熱的旺衰體態，相較於日元為木，木是生命，有生有死，火則是四時均有，不論生死。

二、命書常言「卯為濕木，寅為燥木」。此論之法理源於天時地理、更可通於人身。正月寅，天氣回陽、地氣躁動。卯月地氣暖，化水為濕。三月濕成，天氣熱……於人身，寅為膽、決斷之腑，乾燥之腑。卯為肝，為常濕之臟……學者如能明於此道，即能瞭解命理學天人合一的境界——非是西方文化所能比肩。

① 批命時，常言正月為〝母旺當權〞。

•「五四」以來，破地過狠，以至於談命理、搞中醫者如同不務正業，常被冠之以「神棍」惡名，這是文化自卑。

三、二月卯為乙，丁喜甲，若透甲引丁，則似有混雜之象。

○○ ○卯 丁○ 甲○

➤這種混雜是天地混雜，預示表裡不一，而表裡不一並不一定就無所作為，只是此人不宜深交，家事複雜……

四、丁火為燭光火，怕風大，怕焰濕。即，怕卯木多，怕癸水多。故丁生卯月，木旺水多之時，身體健康須加倍注意。實務當中，關於『濕乙傷丁』有如下用法，二月丁火：

•八字無火，乙木多者，一生情感憂悶（濕象）。

•八字無火，帶癸之乙更為濕寒之象。其人多患心血之疾。

癸〇 乙卯 丁丑 〇〇 風濕、心臟、血液之疾。

五、例：

戊子 乙卯 丁巳 丁未 《窮通寶鑑攔江網》例，原文批曰：『巳中庚制木，位至尚書』。這種論法極易使人認為二月木多要貴，必先得庚金破木——使初學者忽略格局成敗的先提條件。當然，很多初學者也是在不懂格局成敗條件下學習五行論命的，以至於訛上加訛，玄而又玄、隨意地不能再隨意。

➤ 此命天格『身印二旺用食傷』而成，至於為何是尚書，我想和『同八字而不為尚書』的原因是一樣的。

•比肩：丁

星星之火可以燎原——甲木透可引星火。

丁火靜，又為平頭，丁火比肩多者，多為文、藝、僧、道。

丁日午月

一、午月丁火，十神派名曰「月令建祿」，五行派名曰「本相乘旺」。已得本相，此時，隨身所喜之甲木可靈活處理運用。

二、五行法不同於十神法論命：

•十神法遵唐末尤其南宋以來以日為主體例，重在「我」。

•五行法則是以日為主推論自身同時又可超越以日為主，而論一八字之時空。如丁生午月，以日為主即是得祿，為月令祿地，是以日作為主人公的感受而言；五行法之丁日建午，則是火氣通透，此時務要有水，方能既濟萬物，此處不但是從日之我的感受出發，也是從此八字預示之宇宙萬物感覺出發。故八字可以看風水、可以擇時、可以擇人……

三、有人論此月丁火能成「木火通明」。歷來關於「木火通明」有多種解釋，今就此說做一延伸：木火通明其福業吉的一面一般多指向「狀元之才」、「科甲及第」、「文豪」，常以之比喻「文章明敏」、「文化文明」。實務中，木火通明務必與食傷印綬相疊方好：

- 甲日——丙食
- 丁日——甲印

在涉及地支體用時稍有實務差別：

〇〇 〇巳 甲〇 〇〇

〇〇 〇午 甲〇 〇〇 這兩例洩氣，再見火氣則體弱。

〇〇 〇寅 甲〇 丙〇 此例秀氣，明敏

〇〇 〇巳 丁〇 甲〇

〇〇 〇午 丁〇 甲〇 這兩例恐炎火無制，有才華，孤。

四、一般而言，「滴水入群火」多災，些許火星入水則災小。

五、流年例：楊繼盛。兵部員外，戶部員外。

丙子 甲午 丁酉 癸卯 大運：4歲乙未

【乙未運——正偏印雙合：父外情；己與繼母、母之姊妹有緣】

➤庚辰年——財合日，得家財（此年父親之妾專權，自己隨母分家另過，分得一部分家產）。

➤辛巳年——財坐群劫，破家產（此年家產被分去一半）。

➤壬午年——天剋地沖，月令伏吟，主長輩有災（此年母病逝）。

➤癸未年——殺坐半印局，學業有阻（此年欲要學習，兄長阻撓，後父親允許上學）。

➤甲申年——混印坐混財，學業不利（此年退學、放牛）。

➤乙酉年——印坐財兼沖刑，離家之象（此年外地求學）。

➤丙戌年——陽刃會印，剋父之年（此年父親去世）。

➤丁亥年——比肩坐印局，兄弟自大引凶（兄長與庶母為家產打官司）。

➤戊子年——天剋地沖月柱，環境為之一新（此年學業上有進步，得老師喜愛）。

➤己丑年——沖剋大運，大環境忽轉（正當得意之時，老師去世）。

其餘歲運略。關於詳批歲運，我將在有關流年專論的書中對諸名家批法做講解。如此專門專著，主要是因為流年大運可以自成一體，有自身獨特運行邏輯，並非是「用神喜忌強弱」所能全部涵蓋。

•劫財：丙

丙火可調節十干冬季之寒侯，其光輝遠勝自己——即便不為害，亦惹妒忌。

丁日巳月

一、巳月之丁，為乘旺之丁，此時氣候正為濕氣上升出於地表之時，仍是丁不離甲——後再按照量變導致質變的原則而論吉凶。

二、丁火細膩敏感，故以才學為立身根本。術業精專者大有前途。

三、其餘參照午月而論……

第五節　戊土

戊干論

烈燥——不善保養，偏執。
耿介——不願改變立場。
保障威權——靠山、屏障類人。
聲剛雄，體澀而滯、味甘。
莽而粗——做事不計小節，執著，以己為主。
不尷不尬——常處於不知對錯之中。
保時則雄豪果斷，失令則柔懦癡愚。

•正財：癸

癸水無形，一入土即成一體，故戊癸合穩且長久。財不論大小，總有財。

戊土子月

一、十一月時值大雪、冬至節氣，氣候嚴寒。然冬至為陽氣復生之時，在天文上即是「太陽回照」。此月之土為凍土，戊之冰凍不比己之冰凍：

•戊厚己薄，己得丙照即可施種、養育。

•戊之凍除要丙解外，還需甲木疏犁。

•甲為自身所喜，四季皆然——十干均要照顧調侯與自身喜用的搭配使用。

二、解凍用丙，疏土用甲，實務中即是：

●健康——戊為胃，喜疏通，寒則暖之，熱則涼之。冬月水多無火：脾胃濕寒。冬月有火但卻火多：濕熱相搏，胃潰瘍一類。

●人性——戊重不得甲疏則呆厚不輕易表態、沉悶、剛、固。戊輕甲木疏犁太過則處世過於謹慎以至內部崩潰、緣份潰散。

三、舉例：

甲子　丙子　戊子　壬子　元帥。此命子水寒凝，帶丙火調候。實務當中，類此調候之字虛透者，初學者往往有如下疑惑：此所謂富貴好命，是否一切均好？此命壬剋丙，是否丙火有傷而腸病？

➢陽干虛透有生者，只要地支不亂，即便被剋也多無妨，主要是怕走祿旺運——病災叢生。

•偏財：壬

壬喜戊，戊不太喜壬——人有多大膽，地有多大產。

戊土亥月

一、亥月始於立冬，寒氣日重，戊土於此仍是甲丙視情況搭配而用：

•甲疏土則土靈，丙照暖則土能養。

二、子與亥之不同：子多亦為靜水，而亥即便不多也是動水、更有亥亥可以相刑。亥中見壬甲，壬為財、甲為殺，戊至於亥是為財中帶殺，乃慎重、自製之財，宜身強，若不然則多災多病。子中單癸水，再多不起波瀾，只是易生活腐化。

三、《窮通寶鑑攔江網》例：

癸卯　癸亥　戊辰　戊午　李知府。原文批曰：「陽刃架殺、府尹」。次種論法極為坑人，毫無操作性可言，不可複製。截止《五行論命口訣》的水平，我們批八字急需注意以下幾點：

- 格分天地人。
- 五種基本格局樣式各主一定效用。
- 調候喜忌於格局效用的影響。

可以批為：

- 此命天干雙清，又比肩合財，合一留一，比肩被合不剋癸財。格成。
- 雖命中甲丙不透，然亦可以此再兼十神法而論：

a) 甲藏亥——慎重之財，是非之財。換做今人可論青年時代有難『侍候』的女友。

b) 冬生、地支中甲乙雜存，此人膽略不足。因火不透，甲乙難生存。甲七殺為膽氣、乙正官為謀略。

c) 無丙有午，可論晚年消陰回陽、漸得人緣（人變得隨和易處）。但僅限安份處事、不謀意外躍起。至於夾拱之巳，只做『偶爾』發越論之，不在定數之列。

•食神：庚

戊喜甲，甲喜庚，格成食神制殺最為自然。

厚土頑金，也似有埋金之嫌——十干中以戊土之食神最為沉靜。

戊日申月

一、七月氣候是謂『陽氣漸入、寒氣漸出』。何謂陽氣、寒氣、出入？此處陽氣指熱、光，寒氣指寒、陰。五月夏至後太陽照北達到極限，開始南退，直到八月秋分太陽直射赤道，南北半球晝夜平均、陰陽均半。至此之間的立秋七月，正是陽消陰長的關鍵期，大地繼續吸熱，而天氣已轉寒涼（用地球物理學的邏輯說就是：大氣散熱較快，而大地散熱較慢）——故曰『大地熱更甚，而天時已寒』。

二、當此之時，宜甲丙癸配合而用，甲者四時不離，隨身所喜，疏土則土靈可以耕耘，不疏則為頑土高崗。丙火癸水兩相配合不當則燥潤失宜。

三、戊日喜甲，故戊土食神格用殺為相當自然的搭配。

○○ 庚申 戊○ 甲○ 申中藏比肩，若以《子平真詮》觀點，申月藏干能全透者極易發達：

壬○ 戊申 戊子 庚○ 同根透者：轉行容易、多行業能自然兼顧、一處發力多處回報、

但卻容易分身太過而力道不純。

四、戊喜甲制，有甲能自製，無甲多招無端耗財。

五、女命戊日申月有事業而不利早婚。女命戊申日為土猴，無殺透出則婚姻欠佳。

•傷官：辛

戊土為胃，臟腑中最易病、最厚實的臟腑，帶傷官者多傷他人。戊剋壬合癸，正好為辛金之喜——財源緊密、生財方便、迅速。

戊日酉月

一、八月，金氣肅降，氣轉寒涼。戊土得丙暖、癸潤，其人乃能生、能養、能容、有造。

二、戊喜甲，為隨身所喜，此時八月則可疏可不疏，只因戊於堅金酉上，如石山之土，土薄不必甲疏，恐傷地氣，也疏不動。甲太過，有山石崩坍之患——土氣深厚之時用甲較好。實務中：

•八月之戊可以喻『山石土薄，松柏難以立根』，翻譯成斷語即是：土氣不厚、不堪疏犁——傷官旺盛而不聽勸解。

三、五行法、十神法總是會被混雜而用，時有字面矛盾，如：以《子平真詮》為代表的「格用法」——戊於辛酉是為傷官，傷官正可以用甲木七殺。又以《造化、窮通》為代表的五行法——土薄難疏、先宜生養、後再殺伐。

甲寅 癸酉 戊辰 丙辰 林養浩副使。

庚戌 乙酉 戊辰 甲寅 顧憲成解元。

以上二造，都可以被認為是有成，都甲木通透。若以十神法自能理解：前者財殺印三全，後者合官留殺，天格均成。若以五行法：兩造均甲根深疏土，似有不宜。實際上二者並不矛盾，讀者只要明白：

●十神法用神導向社會作為，即一生在社會上的富貴成敗。
●五行法導向人之自然屬性，即過得是否愜意、本性是否純全。
●故此兩造：成格而貴，但因甲木根深，支帶半會，其人難以容物、不甚承受、不善生養——土虛崩、內憂外患。

顧憲成被人尊稱「東林先生」，明代東林黨領袖，他若請我批八字，我當如此告誡：

➤「酉戌化金食：前半生從友學藝。寅辰化甲殺（寅辰中有比劫），為同黨所累、難交善友。甲乙官殺通根身下日時，有被人脅迫之患」。

史書記載：『萬曆二十二年，朝廷會同推薦選任內閣大學士，顧憲成提名的人，都是明神宗所厭惡的，觸怒宋神宗，被削去官籍，革職回家』。有時候梳理歷史線索的人如能懂點命理，或許這段歷史將會更生動：顧憲成日時比肩與官殺同巢，他提名的人（比肩），當有剋制自己之嫌（殺剋身），其人一生多被稱為領袖，這個領袖背後有多少同志、同心、有擔當的「戰友」則未可知。

四、風水、占卜常有金主『刑傷殺伐』、木主『文明教化』之理。於命理學，也常有『木火通明』可做狀元，『厚土堅金』能為武略之論。八月戊土正為土生純金，此命亦多武職（技術性職務、兵、警、司、法），但八月己土並不常為武職，這其中原因：五行法也必要以十神法過濾才能精確：

- 戊於辛為傷官，傷官本就有「武職」傾向。
- 己於辛為食神，常食神為文、藝、教等職務。

五、《造化，窮通》云：『支成水局，壬、癸透干，此乃財多身弱，愚懦無能，若天有比劫分散財神，頗言衣食』。這種論法只可以口訣形式出現，不可當做現成可以操作的實務模式。試想初學者未學格局成敗之時，先看此類命書，當作何想？估計八成是要認為『財多身弱，用神為比劫』、『身強為好』、『身弱不成事』……而忽略格局成敗的重要前提：財要在「順用」前提下去使用比劫。如：

戊子 辛酉 戊申 壬子 知府。若天干無辛則壬財無生扶，焉敢直接用戊土比肩。

●正官：乙

乙木不足以剋戊土，對於戊土而言，正官可當作裝飾性名利。

戊日卯月

一、戊質硬而常燥，己質鬆軟而常濕。故戊土是養育萬物、承載之根本，己為田園土只宜栽種禾苗莊稼、運化生靈。

二、不論四季，戊土總是甲丙癸三者視條件而相互調配使用。其中又以甲疏土為隨身所用，丙癸二字解決溫潤之需。丙與癸也不可過當，丙多過燥，水多則濕。實務當中：

●丙多易旱而燥——陰宅水路不通，家田土燥物產不豐。人則生活無情趣。

●癸多易濕而寒——多鹽鹼地，粟米欠豐。在人則易生活易腐化。

三、八字只土木兩行，易成「土木自戰」，主腹中疾病，憂愁艱苦。更為全面地應用為：

●甲乙寅卯混剋戊——難以承載，遇事不能有效抵擋、易從內部潰敗。

●甲乙寅卯混剋己——難以運化，遇事無頭緒，周轉失靈。兩者都主脾胃之虛。

四、例：

乙酉　乙卯　戊申　壬子　雷龍總兵。此命前半生沖戰明顯，後半生因合化而稍安定：

➤乙酉乙卯坐沖之官，用之論今人：前半生無常任領導——領導常換（也可論為自己常換部門）。

➤壬坐申子，財坐生旺——後半生利私、利財。

➤乙卯木官星雖曰仁慈，然春月無火，又見水坐生旺，生長發榮艱難，故此人功業都為殺、收、消、散類型，若從私則是「腐化」、「凍結」之財（貪污）。

五、女命戊日天性喜「剛直美」之男性。卯月戊土，感情上常感不滿足、常後悔。

•七殺：甲

松挺高崗之象。清高，嚴肅，有頭腦。

戊日寅月

一、寅月，常有『初春猶有餘寒』之論。寅月之氣寒，意在強調『萬物生長』所需條件。

二、寅月之寒指天氣寒，而非欠光照之陰寒。雖冬月為寒、初春亦為寒，漢字都是以一個「寒」字而指，而其中實是另有深意：冬至後太陽回轉，陽漸長、陰漸消。然而土地有一個溫度吸收、消散的過程，即是冬三月所積寒氣非是冬至後太陽一回轉就即刻消散的，必要一兩個月後才能消散殆盡。故而冬至後的一個多月到寅，正是寒氣消散的關鍵，人仍能感覺『乍暖還寒』，而非是否定光照漸增之天時。

三、春月有寒，太陽有力，正在回顧，故用丙除寒而不可丙多，否則春旱。用癸（春雨貴如油），癸不可多，否則春寒。

•甲木於寅月已有。戊之用甲，可保地氣通透。

●丙：地中陽氣呼應天時。

●戊：地氣深。

●綜合而言：殺印比三種才能均於青年時代埋有因緣，同氣相應。

四、戊日寅月，月令中帶殺、印、比，以《子平真詮》①觀點而論：在成格條件下，同根透者，加倍而貴。同根透有「便捷」、「高效」的命理寓意，但像『真詮』所說『富貴加倍』，現在來說恐怕不好如此衡量：

甲戌　丙寅　戊申　丁巳　董中丞。甲丙同根月令。加倍能加到什麼程度？不加倍又當如何？如何比較。

五、戊日到寅為七殺，又為長生，是屬於自製、樂觀、謹慎的人生類型。

①十神法代表作之一。

•偏印：丙

丙泄甲，能消戊之所喜者甲。故火土燥烈者，人頑而硬。

戊日巳月

一、四月已立夏，陽氣升。然地中濕熱（土火）相搏、火煉土縮而出庚金。若言土氣則為內虛外實——以其天熱生濕（土）、地精凝練為金故也。

二、仍是甲疏，丙癸調停燥潤。

三、四月之「巳」，其字型與「乙」、「己」、「丑」同，均有曲折形象。此類干支有一別稱為「曲腳」。

•命帶曲腳多者，若犯伏吟，則多易犯足病、足傷。

四、四月為金之「長生位」，但若火炎土燥，化掉金氣，則多為僧道之流。化掉金氣是指：巳午未全或者兩位又天干透火者。於十神法即是：身旺印旺、食傷無氣——君子尚「道」不尚

「器」、宜以清名、結緣立身度日。

〇〇 〇巳 戊午 〇未
〇〇 〇巳 戊午 丁〇

——庚為食神，化為火印。

●正印：丁

戊土本燥，再不欲火旺——有火土燥烈之嫌。但丁火炎微，其烈不甚明顯。

戊日午月

一、芒種後天氣炎熱，戊土此時得甲疏鬆，大水漫灌，則籽種可賴地暖土濕而生發。

二、《造化，窮通》將調候喜忌用神分「君」、「臣」而用，如壬為君，甲為臣，壬甲兩透名為「君臣慶會」。這種論法從行文思路而論，是屬於外行騙外行的一種，也可以說是不太高明的十神派人士自作聰明地「神解」五行法調候、喜忌。本書則是將五行法用神分為「調候」，「日元喜用」兩種，各司其職，不分君臣。

●《造化，窮通》系列，總是分君臣而用，其中也隱含一個邏輯——調候喜忌是富貴之先提條件。

●若不分君臣，又是有其邏輯——調候、喜忌各司其職，至於富貴與否或許另有法理。

●實際上「君臣慶會」是一種特殊八字樣式，或曰特殊格局，是指年時天合地合，有時也泛指一切天合地合，這一名詞在唐朝就有。

三、戊於午，火多為印，土多為刃。不論如何界定，天地人三法足以應對。不宜再玩弄詞匯，徒增「定義」上的煩惱。

四、滴水入群火，易犯傷災；星火入水也易傷災，只是統計上少些，不為學者過多強調：

癸未 戊午 戊午 戊午 瞽目。有人批曰：『戊癸合火大吉』。是也？非也？

癸亥 癸亥 癸亥 戊午 雙瞽。

癸酉 戊午 戊寅 戊午 凶死。

五、戊於午為帝旺位，凡五陽干帝旺位，多有『力不從心』的人生心境。只是戊於午又有印氣，多一份釋然。丙於午又有傷官，少一份淡定。

•比肩：戊

層巒疊嶂，氣勢磅礴，相互沉默又有助力。

戊日辰月

一、辰戌為星術、占卜中的魁罡。命理學上則僅是將壬辰、戊戌、庚辰、庚戌四個作為魁罡。實務當中，辰戌二字性情剛暴，需得善用才能有成：

•成格——成格是將一個八字脫離謀生階段的「基本方法」。格不成者，依環境、興趣、時運而謀生。

•不論成格與否，身旺者能壓住魁罡性情。

•不論成格與否，丙、甲、癸、辛日主能有效化解魁罡戾氣，即是將辰戌本氣之戊變為財、官、印、食。十神當中的財官印食性格均較為和順、能正常與人相處。

•辰戌合會變局，可以化解辰戌剛爆之性。

二、三月戊土，甲疏之，丙癸燥、潤之。三月寒氣幾盡，辰中癸水若得一甲木刺破辰庫，則能消於天氣當中，而不至於使濕氣內蘊——實務中即是戊胃為燥臟，不可常濕。濕則痢疾、濕阻中焦、腸鳴腹瀉。福業上：濁財。

三、辰能三會木局，亦可四見木局。木局木透則為戊日之官殺。這種官殺天生與身根同巢。翻譯成實務語言即是「內部原因」——若逢沖刑，則常與是非相伴，財、情不大不好理順。

四、《窮通寶鑑攔江網》例：

己未　戊辰　戊寅　甲寅　原文批為：「殺印相生格，探花」。這種批法，用現在較為時髦的詞語評價即是「高級黑」，要麼是想毀掉原書的價值，要麼是根本就不會批八字。我在前文已經敘述：格局有五種樣式，天透、地藏、天透地藏、三合、四見，效用各不一樣。此命印在支藏，殺星通透，這二者怎會在一個層面相互制約？至少沒有在天透的層面相互作用。當然，也許有人會說：『人家這是秘傳法則，和你的套路不一樣，你怎麼知道人家不對』？

➤ 以格局論：此命劫財合殺。

戊日戌月

一、戌月，火熱之氣收藏入庫、沉埋於地下，而天氣卻寒。故曰：「內熱外冷」。與星座學中天蠍座所論相通——外表冷酷、內心激情澎湃。

二、戌月土氣重，熱又內藏，此為濕熱；外表寒冷，還又顯出燥象（秋燥）。若能有甲木破土釋放熱氣與寒天而交，則內外平衡通透。若又得癸辛金水相生，可言滋潤——不但戊日如此，其餘幾干均需考慮。以下簡介「通透之法」：

• 十神格局通透法——即是五種基本格局樣式的效力問題——導向性情、才能、事業。

a)天透地藏，須是比肩根位——表裡如一，明暗皆有。

b)五行透藏而不為比肩根位，只是劫財根透——才能、性情偏差，作為與世界觀的偏差。

• 四時五行十干體系通透法——辰戌二月用甲——導向健康、品性①、風水。甲木之用

① 請讀者注意十神法之〝性情〞與五行法之〝品性〞有何異同。

可釋放地氣，改善風水，調理身體健康。實務中甲木含義為：甲木為格局；甲木參天木；甲木為膽。

a)甲木得用，能破疑、不受內心煎熬、外界蠱惑。

b)風水上得甲木疏土，能除鹽鹼地、減少荒漠化。

c)甲木為膽主決斷、疏泄、作用在於半表半裡之間——化解體內濕熱之氣；膽燥，怕濕熱、濕寒。

d)總而言之，我們可在實務中建議說：陰宅陽宅宜有大樹以使冬暖夏涼，保福業順長。

三、濕氣最難化解：辰戌之胃濕，丑未之脾濕，在醫家五行運化中各有方式：

脾之濕熱、濕寒上升，乙木肝先受其擾。胃之濕熱、濕寒下降，甲木膽首當其衝。故四季月，辰戌二月注重用甲，丑未二月注重保乙。《命理學教材第一級》中言四季月用甲只是泛言泛用，學者當仔細區分。詳細用法參考《五行訣法總錄》。

・劫財：己

己合甲，因想走捷徑而失去機會。

戊日丑月

一、丑月，小寒大寒節氣，嚴寒冰冷，土氣仍凍，而天陽自冬至後開始轉盛，正是在天之陽召喚在地之陰時分——地氣濕寒而陽氣漸長。如不適當調節以使天地相交，恐內外不均，而成濕寒之體（比如凍皴、凍裂的手指、腳後跟）。故用丙火解凍、甲木通氣，甲亦是日元自身所喜。

二、「五行性忌諱」若能再參考十神性情，論命時可以加倍精確，如書云：「丑月一派水土寒滯，不見一丙而得癸透月時，亦不失儒雅風流」：

〇〇　癸丑　戊午　癸〇

➤ 癸為正財，十神法論正財：若少則為儉樸、若多則為風雅、再多恐怕濫情。

➤ 五行法論此命：冬生寒滯，火不得透，耗損心力。眾濕水圍困戊土，使人雖能安享而難得奮發。

三、丑月中藏癸辛己，己生辛生癸：人緣之財、因財得緣。

戊日未月

一、六月，小暑大暑節氣。小暑者：陽居上而退，陰居下而漸進（夏至後太陽南退），陰漸蝕陽。此時陽氣虛浮於地表被地之熱氣所激，故人常生濕熱煩躁之感——此時地熱勝於天。大暑者：陰氣成而漸要有形成體（申、壬），地面之上光熱減少直至涼燥（秋金主涼燥）。故此月需著重調節天時地利濕熱之相博——癸水降溫而顯潤；丙火除濕；甲木疏通。只是需要注意：量變導致質變，凡事過火亦不可為：

●癸——夏天多吹空調、靜坐靜臥於陰涼房屋、少動、多食油膩寒涼、縱欲……此為癸水過多象，其人脈細而沉玄，頸椎、關節酸疼，內熱外寒之濕象。

●丙——夏天多動少靜、多勞少安逸、日下暴曬、奮發勞心，此為丙火象，其人脈洪數，易損耗津液、肝陽上亢。是熱、燥象。

二、實務中，常言四墓庫隱秘，最為難斷，主要就是因為辰戌丑未中濕、熱、寒、涼、潤、燥在內相博，稍有不慎，調理不當，即走向其他極端。因此醫家也常有：「怪病生於痰，而痰生於濕」之論——醫家之濕即是土氣升降不均作怪。我們在實務制解中，也多是以風水、人際、健康下手，以此而類推：

風水

●癸：陰、冷、溪水、寒流、多雨潤之地、北…

●丙：向陽、南、乾爽、少雨濕…

●甲：玄關通透、南北通透、東西通風、山林、有喬木…

人際——

●癸：水日主人、冬生水多人…

●丙：丙日主、夏生火多人…

●甲：甲木人、春生木多人…

健康——

●癸：靜養、潤燥、滋陰…

●丙：除濕、動耗、升陽…

●甲：疏通、清透、宣洩…

三、辰戌丑未能三次變格：未——亥卯未木合局、巳午未方局、午未丑三者再加其中之一即為四見土局。這些就是局，並不是簡單地歸為是甲、還是乙。以往一些初學者，面對此類合局，都要定出是按照甲算、還是乙算，然後再操作順用逆用。而今看過我《命理學教材第一級》的讀者自然不會再有此類問題，而是：

•天干以順用逆用。

•地支以合會變局——地支有七殺並不一定非要天干出現食傷印綬。

第六節　己土

己干論

有承載之義——能忍辱負重。
博厚——不善表態，只是陳述。
平和——不起波瀾。
聲婉切，體沉靜。
有包含忍耐之度。
安舒貞固——安靜不起波瀾，舒展而不棱不角，能堅持，有信。
剛而柔——能堅持，也有婉轉之策略。
秉性寬宏，不滯於物。

•正財：壬

雖為正財，仍是不足以駕馭，財與情時大時小、時有時無。己喜丙，丙喜壬，己之壬水正財，須見丙火方是上品。

己生亥月

一、己土薄濕，不見丙火不暖不發，四季皆然。

二、亥月立冬、小雪。時令感於秋金而成冬水：九月地氣濕熱，太陽歸南，天之冷涼滲入地氣，地之濕遇冷成水，而成全亥月水旺、冰朗之侯。此時地氣深辟，木得以申根。己土是時得丙照暖則可暢其生機而不至於「體質薄弱」、「不堪承載」。

•丙火此時不但能解愈發之冰寒，也為己土自身所喜。

三、實務中，以十神法而論：亥為壬之祿，是為月令正財，凡人地支得一財官印食旺位，又不逢沖刑合化，則有安靜十五年的良好生活：

●正財——穩定生活物質基礎。
●偏財——家長良好照顧（相比於正財，偏財是時好時壞）。
●正官——良好教育，組織、貴人賞識。
●正印——良好社會、親友關係，有安靜的學習環境。
●食神——良好鑽研、求學環境。
●但若逢沖：三四年即有一次不安的變動、調節。但若逢刑——自找麻煩或他人影響自己。

四、實務中，以五行法而論：亥為長江、波濤，此財急而大，己土難以掌握，時斷時續。一來而不可收拾，一去而難覓其蹤——比如我喜歡一位壬水日主的女孩，這個女孩喜歡我時讓我很突然，她很大方，很隨性。但當不喜歡我時，她可以變得似乎沒認識過我，一旦分別，我也很難再找得見她。

●十神法、五行法兩者比較：一者重在社會感受，一者重在內心體認。一個來自社會上的我，一個來自靈魂深處的我。

五、水多，尤其壬水多者，易沖奔失性，故常用戊土為堤岸，則此水不至於潰堤而遺禍人間。轉換為實務用語：己之正財，多在競爭型崗位、靈活工作型的崗位。然而，論，則是如此而論，財星一旦透干，若再戊土出干，則為破格，除非合去戊土、食傷轉生、正官保護，否則格局不成，掙得是「他人所漏」之財，得的是被劫過之財。

六、丙火解凍亦自身所喜：

●解凍：天時調候——瞭解人、事、世——以反眼相觀——通曉人情。

●自身所喜：生機、生己——明安身立命之道——又能成全別人。

七、例：

戊子　癸亥　己巳　乙亥　結合《命理學教材第一級》所示內容而批：

➤年支偏財——少年可享祖、父之財蔭。天干蓋劫財，不遂父志。

➤月支正財——為父之劫財，父反盛而衰。干透偏財，父親內外交變。

➤日坐正印、劫財、傷官——通文藝、善鑽研（日時一般就不太論父母長輩，而論自身、妻、子）。

➤時支正財——男命得此，晚年有女人緣。

▼年月亥子透癸而財化財——青少年風流倜儻、父親起伏不定。

▼年月戊癸合——能享父蔭，而後不能依賴父蔭，另闢蹊徑。

▼月日沖剋——婚後志向轉變。

▼日時沖剋——子戌年後又有一變。

▼月時地支伏吟——唯中年奮發，青、晚年惜財戀情。

▼時殺坐財——晚年易犯小人。

結合《五行論命口訣》所示內容而批：

▼冬生火不透——一生陰濕、利武職（古時社會以文、武為主流職業劃分。五行得生氣、陽氣、生發之氣適合文職。五行得寒凝、蕭索、陰氣主人有殺氣，利武職。今時今日三百六十行，以充滿人性關懷的行業為文職。以縱欲、反人性、強制性行業屬武職）。

▼戊土堤岸——少年安定。

▼日坐丙火調候——中年得貴人恩遇。

▼時上水木陰寒——晚年阻滯，困於情、欲、妻、子。

●偏財：癸

己癸都屬陰濕柔弱品類。己能污癸，癸能使己土濁稀，故言癸水偏財「不大健康」。癸喜庚辛，己土見癸，須大力付出方能順暢。

己日子月

一、十一月大雪、冬至節氣。大雪陰寒至極，混沌之象。冬至一陽生——開天闢地，陽氣復來。故此月陰寒流行於地氣、而天陽回轉復照萬物——

●仍以丙火接續回歸之陽，去陰除寒。

二、己為脾，脾為人身濕臟，喜燥，故己最喜丙火，因丙能除濕提升陽氣之故。己若不厚，則當忌木，尤其乙木，恐肝氣横逆剋犯脾土；若不暖，更忌金重，蓋人身脾臟，陽氣不提則難以消化水谷，恐成堅積（腫瘤、症瘕）。

三、己雖喜丙，仍要以『量變導致質變』來衡量吉凶。丙若過甚，易成燥症（頭皮屑、便干難下）。

•五行論命實來自五行論病。天人一理，身命一理。

四、十神法中，子為偏財，丙為正印，同為順用善神，但若兩者相見相剋，如何？此月丙癸同出只有如下幾種格式，不論地支如何，天格均可成。己日子月不存在丙癸相鄰格式——相鄰剋力明顯。

甲〇 丙子 己〇 癸亥 財印兩可。

癸〇 甲子 己〇 丙寅 此命向印不向財。

丙〇 庚子 己〇 癸亥 此命向財不向印。

•食神：辛

食神是為善神，多主人有慈善心。己之食神是為「需要留有餘地」的善心——因己土薄。

己日酉月

一、六月天氣濕盛。七月濕退。八月始，天氣冷，從地內向外透出之陰濕遇天之寒涼而凝結成露——故八月之酉始於「白露」。至此，天不再濕，地亦寒而始凝。此月之己，靜而止；此月之乙，朽而殘；此月之丁，力不從心；此月之辛，正當本分；此月之癸，凝而成露，非是源遠流長。

二、秋月寒涼，己土乃人身之脾，司運化之功。欲要周身運化暢快，必使脾土燥濕得當方可。

•脾者，濕臟，天生喜燥，故不離丙。而又不可過燥，以防水穀之精難化，故常又伴癸。癸者，潤而濕之。

三、酉為己之食神專位（祿位）。十神法以食神用財為富貴之命。然若換做五行法，則要考慮此食神是哪一五行那一干支食神？凡子卯酉為食神者，生財過程並不如寅申巳亥順暢。因子卯酉氣專，不善分心之故。於五行而言，必定是水生木、木生火、火生土、土生金、金生水，而於干支氣數言：子水到木雖相生，而又有腐蝕之功；卯木到火雖相生而又有濕焰之能；酉金到水雖相生，更有凝滯效驗——也是因此，古人又常將子午卯酉四「沐浴位」稱為「四敗位」——名義上是生，實則是成事不足反有敗象。

四、實務中：水財到酉地為敗地，無活力——故己日食神格以所用之財為斷斷續續之財。

○○ ○酉 己○ 癸○

癸亥 辛酉 己酉 癸酉 陳效太守。此命地支有水專位，則天干之癸還不至於被酉阻塞。倘水無根，則癸能被酉滯——將要到手之財，總要有超出意料的手續得辦——此種論法，也可以看做是《子平真詮》重視同根透的原因：

➤ 壬——申

➤ 丙——寅

➤ 庚——巳

➤ 甲——亥

五、己土薄弱，做事不明朗不痛快，是屬於與世無爭、內心憂思不斷之人。

●傷官：庚

己土薄，難生頑金——負擔太重。

己日申月

一、七月，純陰之氣於地下已然成勢生水，不得不立秋令。故七月之初始於立秋，蓋因天氣燥，地下之陰生水之故。己土於此時，第一要務即是提振陽氣，不使「至陰」重墜己土——用丙火。實務中，申月不得丙火提振陽氣者：

●為他人忙碌、分心過重。

●脾陽不振——脫肛、水穀不化、色斑。

二、己土薄弱，喜丙，格成傷官佩印較合五行性生化孕育之理：

戊〇　庚申　己〇　丙〇

三、己喜丙，壬癸水財能剋丙火——己日申月傷官用財者多體弱之人：

〇〇 〇申 己亥 壬〇

四、申能合化變格：

•傷化為財——申子辰——體弱、財豐。

•傷官傷盡——申酉戌——不可見官沖刑、需佩印。

●正官：甲

從陰陽、強弱而講：日元之祿與日元正官之位，此二者最為中庸。是以甲己之合為中正之合——「謹慎」、「承受」、「自製」、「化解」。

己日寅月

一、春令寅，三陽開泰，太陽在上，懸威著象，木收陽威而根深擾動地氣。地皮寒硬之狀開始破解。正月寅之餘寒來自土地，田園己土仍然凍結。

●此時若用丙照暖、解化冰硬，則萬物自能安養以待時機。

二、己土常被比作田園，可用來培育禾苗、花草。正月之己，正要使其溫度適宜、燥濕調停，就如現在的「溫棚」，冬天也能長出莓、菜、瓜、果。此月用丙，兼有調候之意。

●用丙照暖，當又忌諱壬水降溫——春寒料峭、凍壞杏、李之花。

三、實務中，己日、乙日、丁日、辛日、癸日五陰者都以「生」為喜——有適當生存條件、有一技在身就是好命。不同者：

- ●己——成全、成就——服務大眾。
- ●乙——自榮自辱、盡堪造作——自我理想。
- ●丁——苦心孤詣、文明文化——窮極性理。
- ●辛——樂天知命——私、我為先。
- ●癸——依附、盡善盡美——忘我。

四、此月忌諱壬水，但並不是有了壬水此人就不能成事。而是：壬水於五行法而言，可以是一種調節自然性、氣候的手段，用於春月有違萬物生生之意——春月若用壬，其人性寒、功業多涉收、殺、鎮、滅，即所謂武職、沒有人性關懷的行業（戕害生意）——現今記載五行法調候、喜忌者是以《造化玄鑰》、《窮通寶鑑攔江網》等書最為人所知，但此類書，是在傳抄之時經由十神派「大師」、尤其是「失意落魄」文人型大師改寫，書中專注「科甲及第」、「文章」、「名氣」，也即是「其書通用之法理」以文明文化為考察衡量標杆，這當然的結果就是以八字能盡顯寒暖燥濕得宜為文明氣象——寒暖得宜者，必是文章得體、人品高貴；燥濕得宜者，處事圓融；十干喜用神得用者，有理想能實現。在成格先題下：

●不得調候者——因循守舊。
●不得日元喜用者——忙於不感興趣的事。
●戕害生意者——以破壞性行業為主。

壬戌　壬寅　己巳　○○　莊仁春知府，因與民爭利被打死。

➤此命在天干不透火情況下壬水並出，似乎「戕害生意」、做事手段不存仁心、有違孔孟之訓。地支有火，只是私下當好人。
➤此命地支火多，天干是之水也能潤地支之燥，可以論為：壬水激群火而「欲求難滿」。

五、己土喜丙，四季皆然。寅中藏丙，故己土寅木正官格，但能用印即可將事業、理想調整好——此為十神法與五行法融通的最好配合。

甲申 丙寅 己卯 丙寅 狀元。官印相生。

▼ 自坐七殺，地支官殺混，內心狐疑、外表和善。

•七殺：乙

乙木專善剋己，又乙木柔曲，是屬於慢性、持久、花樣繁多的剋制——乙木七殺。多主人情詭異、健康不佳。

己日卯月

一、五陰乾日元大多喜生：

•乙——丙，生出；癸，生入。

•丁——甲，生入。

•己——丙，生入。

•辛——壬，生出。

•癸——庚辛，生入。

二、二月驚蟄、春分節氣。驚蟄——驚動地下蟄伏之蟲。春分——陽氣徐徐上升，地中氣寒凍盡消。春分、秋分為太陽照射地球赤道、晨昏陰陽相半之時。春分前之驚蟄，陽行於天而感於地則地氣呼應，春分後，得蟄蟲騷動、辟隙，陽氣得以申通土地：溫根而和蒂、沃干而蘇條、萬物順暢而長。故此月，當用丙火照暖己土，以使土氣與天之陽相交。若癸相伴，滋潤土壤則無不宜。丙者，隨身所喜。癸者，隨節氣調用。於實務中，己生卯月：

- 得丙——土暖——有生養他人、仁慈包容之心。
- 得癸——土潤——不起波瀾、過程圓融。
- 土不暖——內憂外患。
- 土不潤——孤剋。

三、我在以往課堂上也經常講：五行法的這種論法，能識破人心最深層次的結構矛盾，能知其然，更知其所以然。

四、綜合而論：凡不得順暢生機者，其人職業也多不能成人之美：

己亥 丁卯 己未 乙亥 崔桐。自我評價：『奉職太愚，自處太高，操持太執，語言太直』。此命三合殺，剋土太過，定然做事中常帶逼迫之情。又甲乙木往來剋土，一輩子免不了皮肉之苦。

史料記載：武宗南巡，崔桐諫留，跪在午門外五天，激怒皇帝而受廷杖奪俸責罰。世宗即位後，又與其它朝臣強行建諍皇帝，又遭廷杖並被逮入詔獄，後降職調往武當山。

▼倘有正印丙火透出，地支得一祿位，也不至於是個莽撞人。

•正印：丙

丙火自然、無私。丙之正印——貴人垂恩。

己日巳月

一、四時五行體系中，戊土常被比作堤岸、山崗，是承載養育一切的根本。己土則多被比喻為田園土，常用來栽培莊稼。如此比喻現在看來更多是一種類似「法象藥理學」的邏輯。「法象」學（即是今日所謂取象）例：

•丹砂——醫書云：『因其色為赤紅，為純陽之色，故能入心，而統治心經之症』——道家又因其能治心症，故又用來『命理制解』，用以震懾入侵人身之鬼邪。

•牛膝——醫書云：『凡物之根皆橫生，而牛膝獨直下，其常細而韌，酷似人筋，所以能舒筋通脈，下血降氣』——近世河北名醫張錫純由此悟得牛膝乃治療腦溢血之無上妙品。

但我們說這種『觀其來處而知其去處』的學理，現在來說還不周全，有待發展。比如：枸杞色紅（火），按理應該入心（火），但枸杞入肝（木）、入腎（水）。故有關十干喜用、四時調候，我們更多認為是門外漢改版抄寫，而非原始面貌。也許有關十干的相關法理古人論述的很全面，絕不簡單只是將十干比作自然界那麼簡單——本書一大推理即是「十干喜忌調候來自醫家陰陽五行學說」——以人身比擬自然，以自然比擬人事，取「天人合一」之論——恢復《用神經》原貌。

二、巳月已有丙，此時再得癸水甘霖，禾稼無不歡悅。己土喜丙，四季皆然。己之用癸因時調節。此為常識性配屬，也是屬於論命之大象。吉凶生於數，數者：強弱。喜丙，丙過多如何？喜癸，癸多如何——《經》云：方以類聚，物以群分，吉凶生焉。

●己：〔甲乙丙丁戊己庚辛壬癸〕——十干對於己各有含義，定吉凶之意。

●己：〔甲：寅、甲、甲寅、甲寅卯……〕、〔乙：卯、乙、乙卯、乙卯寅……〕……每一類中，氣數不同，吉凶不同，定吉凶之度。

三、教材只需羅列經典問題即可，不必盡言：

●「一派丙火、加以丁，水無根」——孤苦——印多而孤，火生土最驗。

●「壬癸並出，破火潤土」——聰穎特達，富中取貴，又轉禍為福——後財多破前印，棄祖業。

甲午　己巳　己〇　丁卯　月令印，天干全無破印之物，此人一生孝母，維護家族、父母家庭。用其治國則是『不變通、只遵成法』。

辛〇　癸巳　己丑　壬申　天格食生混財，日時亦多水氣破月令正印之火。批曰：有福不遵舊制，財情優先。

●偏印：丁

丁火難生己土，只是空有承諾，不解決問題。

己日午月

一、夏三月因有火，故以癸潤土為難能可貴。但不是丙不重要。丙與癸各有各用。

二、《命理學教材第一級》「用神喜忌強弱」一章指出：『五行亦有喜忌』，即是五行組合決定人生態勢——由人身自然稟賦而定人生富業。論「土之五行喜忌」或曰『富業傾向』有：珠玉寶藏、松挺高崗、火燥土烈、土虛而崩。其中：

●火燥土烈（或者火土燥烈）一般多主命孤、流年之血光——再與十神法結合則能加倍精確：

丁〇 丙午 己丑 辛未

➤五行法：水主生殖系統，水被嚴重薰蒸者，子嗣難得。十神法：女命印旺不愛生養，故曰孤命——此例又衝子女宮。

辛卯 甲午 己卯 乙丑 《命理學教材第一級》例。女命。

➤命中雖無火土燥烈之勢，然己土崩虛，影響生育。此命年近半百方才有女（無子）。此即五行法，以健康關聯福業。

➤換做十神法：年干遙遠之食神辛金通根丑，多有過繼、借養之子。

●比肩：己

己己相見，重複性曲折——辦事婉轉，不乾脆利索。

己字為曲腳，身弱怕伏吟，多主傷災。

己日未月、丑月

一、六月未、十二月丑，中藏己土比肩，一般被稱為己土本氣。我們應該更全面地看待：若以四庫為土之本氣，則按理是不是應該有土之餘氣、絕氣等等。若以四庫土為土之本氣，是不是五行是平等的、平行的？實務中不論是如何，地支五行分多類：

●地支本氣類。如丑-己、戌-戊等。此類可以天干地支互換而論。用在『四柱年限』、『十神定位』等方法。

●合局五行類。丑-金、戌-火……合局效用似天透地藏。

●會局五行類。丑-水、辰-木……會局效用壓倒一切，需得反制或順泄。

●六合五行類。丑-土、辰-金……效用均沾。

●四庫透藏五行類。丑——癸辛己三類、戌——辛戊丁三類……類似天透地藏，但屬於來源不明朗一類。

五行並不是平等的，不在一個平面，而是各自有各自的維度。參考《命理學教材第一級》。

二、六月未，暑氣正盛，以丙癸調配為要。

●無癸旱，無丙陰。

三、十二月丑，濕泥凍土，非丙不能暖土，故以丙除寒為要。

四、六九月火水偏盛，最怕偏而又偏。六月火多人孤，九月水多亦孤。

●火土類型之孤者：印旺難能生養而老年孤。

●水土類型之孤者：財旺損印，不利長輩之少年孤。

五、例：

癸亥 丁未 己酉 壬申 俞大酋都督，抗倭名將。此命丁壬合留下癸：

➤丁壬合，是否丁不起作用——不是不起作用，仍然是起，只不過是與壬水的糾纏中起作用，最後導致看起來丁沒作用——壬水抵消了丁火的一些作用——此人一生著有多部兵書、能造戰車、武藝高強，即是丁偏印之功。但此人一生功勞多被他人冒領，亦多次被嚴嵩壓制不得上報，即是丁被壬合的一個效果。

➤偏印是順用？逆用？《命理學教材第一級》中將正偏印都定位於順用格局，主要是遵從古法，是在古人『重財官的前提下，正偏印效果一樣』而論的。現今作為實務論命則要指出：

a)本書是以有業有為、「中產階級」為好命標準。而非是「面聖朝君」的極品大員為標準（《子平真詮》則是以能面聖見君、最次也是進士、縣令為好命標杆）。因此十神均可成格而不再分誰重要誰不重要——天下生靈一概而論，只論「謀生」與「有成」之區別，而不分貴賤等級。有關十神格局的全部法理可以參考拙著《十神訣法總錄》，可免去閱讀《三命通會》《子平真詮》等書之累、之惑。

b)偏印可以見財，尤其偏財。

c)若能得貴人更佳，所謂貴人有：天、月德貴人類神煞貴人；正官、偏財類十神貴人；調候喜用類五行貴人，各有各的用。此命丁未月，有天德星，又有偏財。

d)俞都督青少年時即多逢貴人，如毛伯溫：壬寅 丁未 癸酉 〇〇

甲申 丁丑 己亥 丙寅 靳貴閣老。

大運：

3戊寅（戊子）

13己卯（戊戌）

23庚辰（戊申）

33辛巳（戊午）

43壬午（戊辰）

53癸未（戊寅）……庚辰年死

▼丙火是調候且又六合近身。凡得調候、日元之喜者，多為才學敏達、通靈見性之人——曾任武英殿大學士、翰林院編修等以見識、文學文前提的職務。

▼甲通根於亥、寅：到老都與上司緣深——死時正值皇帝出巡，趕來參加葬禮。此人從官後一生得武宗信任。

▼壬午運與日柱換祿，應為實現自身理想的絕佳時期，只可惜柱有丙丁，而支無亥子，是為不對等的換祿，正是《五行精紀》中所謂『發越太過』之論——財印不均則相戰鬥，為官者當損名譽；若對等換祿，可論聲名與實利兼得——某一干支之喜用效驗，要看總體的八字格式而定。並非一旦遇到即一概論吉、論凶。

●劫財：戊

甲為己之正官貴人，又為戊之喜，女命有戊劫財，應慎防『閨蜜』。

陰氣柔，乙丁己三陰乾對陽干多少有些依賴性：

乙——甲——藤蘿繫甲。

丁——丙（冬月）——取暖。

己——戊（冬水多）——防水氾濫。

己日辰月、戊月

一、三月清明、穀雨，正為施種栽培之時，理所當然以丙癸調用。除此外，甲疏辰月地氣亦為必備：

類象釋法——

●丙：萬物生長之「太陽光照」。

●癸：雨生百穀。

●甲：疏犁土氣。

醫易釋法——

●丙：脾常濕而喜燥，得丙自能運化水穀。

●癸：脾常濕，若不濕則周身風燥。

●甲：通透濕熱，表裡通暢。

十神釋法——

●丙：正印，長上，恩惠。

●癸：務實、創新、財利。

●甲：維護、保全。

二、注意：甲丙癸三者為五行性需求的基本配置，得此者比較注意健康、品行修煉、學問知識、人文關懷……但也並不是此人就是最長壽、最有學問、最有情懷——一旦涉及高、下、好、壞之分，即要以人世間的目力心思去衡量，也就是『十神法』：

●甲正官——順用，喜財印，不喜沖刑，不喜日坐傷官。

●癸偏財——順用，喜食傷，喜身強。

●丙正印——順用，喜官殺、比肩。

三、秋主收藏。五行以金為殺、收，能削萬物，時令到此百果長成，正堪折摘以藏。戌月為秋令之末，天已寒，霜始降，欲要保持生機仍以甲丙癸調配而用。與辰月不同者：

- 辰月內寒外熱，天將熱。戌月內熱外寒，天將寒——丙癸的調候性顛倒。
- 辰月萬物向上崢嶸，向下艱難。戌月向下紮根，發榮較難——甲木疏通同樣重要。
- 丙之自身所喜，時時不離為好。

第七節　庚金

庚干論

掌殺伐之權——有棱有角，宜在司法行政之職。

懷戰鬥之志——喜逆境中奮起。

剛勁、急銳——善攻不善守。

聲雄猛，體耿直，味辛。

勇敢直前、慷慨暴戾——敢作敢為，易發禍事。

得時乘掃蕩之威，失令則廢棄——不甘平常。

可以柔化不可以剛制——屈人而不屈於人。

•正財：乙

合中見剋，守財。庚金剛斷，乙木柔雜，金無強根勢必為財情所累。

庚日卯月

一、庚金者，頑金鈍鐵。於人身為大腸，上接小腸、下連魄門。於事物主道路、轉運。常司傳導之職，性涼而燥。故庚金總不外乎待以「暖之」、「寒之」、「通之」，因時而調節。

•其性涼而頑，總不離丙丁火，丙取暖，丁煉性。因其燥，亦以壬配合而潤。欲其傳導之職順暢，常佩甲以通順之。

二、二月卯，濕生而丁火炎微，再若乙重，丁有熄火之患，其煉金之力受困。此月以丁為庚金隨身所喜：乙重者滯滅丁火，庚形不正——實務中即是乙庚合而向財不顧丁火正官，論為戀財、惜情、少正氣。「炎濕」則多能指向健康問題：

癸〇 乙卯 庚〇 丁亥
己〇 丁卯 庚〇 乙酉
丁〇 癸卯 庚〇 乙酉
乙〇 乙卯 庚〇 丁亥

這四種例式，皆有心臟血液疾患徵兆，只是因人而異（風水、遺傳也能影響健康）。

三、金，向來有「怕土埋」之論：庚金質頑、體重、性沉，若再被土覆蓋則不見鋒芒——戊己土多，日元無根——此處「鋒芒」二字，指入世、名利心。即所謂印多者，保守、不善爭利（其實也爭，爭的是虛名）。

附：十神之爭、五行之爭：

- 印綬——虛名之爭；財——物欲之爭。
- 印綬——掩蓋鋒芒之爭；食傷——露骨之爭。
- 印綬——無為而有為；比劫——有為似無為。

●印綬——圓融自保而能爭；官殺——等你犯錯。
●木印綬——文明之爭。
●火印綬——燥烈之爭，反而效果不佳。
●土印綬——以不爭而爭。
●金印綬——不爭即是爭。
●水印綬——「不如不爭」之爭。

•偏財：甲

偏財適合創業，與機遇、人際掛鉤。庚甲均為陽干，且以庚劈甲有「破壞」、「削」、「剪」之過程，工作性質上容易接近「加工行業」。

庚喜丁，丁喜甲，正是行業選對、事半功倍。

庚日寅月

一、正月有餘寒。此餘寒乃是地表之寒，如能除去，金不至於一凍不起。除寒用丙，此為氣候調節之用。丁火則以有為主。火又不可過多。若有厚土，再以甲木通透之。

於人身：

•燥——有傷津液而乾枯（痔瘡、便秘）——用壬。

•寒——不能乾燥糟粕，則水穀雜下（腸鳴、泄瀉）——用丁。

•濕——氣機阻滯（便難）——用甲、丙。

於人事：

•燥——事繁而雜、難。
•寒——了無生機，不盡人意。
•濕——不能進退自如。

二、以十神法論正月之金：

•財太多乃是平人，僅足衣資。財要旺，而不在多。
•正月寅，甲丙財殺同透者，男女皆早婚不利——七殺能制則無妨。

甲〇 丙寅 庚〇 〇〇 火土同巢、財殺相生。

三、再以五行法論正月之金：

•氣有餘寒，不得火透生土兼暖金者，利武職不利文職，利私不利公——火乃文明之象，以火調候者，能顯教化文明之功。
•無火反有水增寒氣——孤。以水能滅火，違逆生意。

乙酉　戊寅　庚寅　丙戌　鄒應隆侍郎。狀元。工部、刑部尚書。工部類似於現在的建設部門。刑部類似於現在的司法行政單位。十神法中，偏星多時主技術；以殺傷刃劫多主刑獄。此命火暖八字，應有文教之才。七殺、陽刃又適合司法、軍警之職。

●食神：壬

庚金不單為頑金，也為礦金、堅硬之石。庚之於壬，正好「江河淘沙」，內斂雄渾（內心澎湃而不改面色）。

壬合丁，庚喜丁——因沉浸自己世界失去貴人垂青。

庚日亥月

一、五行：木溫、火熱、金寒、水冷、土濕燥。四時：春生、夏長、秋收、冬藏。木主春令、火主夏令、金主秋令、水主冬令、土則四季。萬物至冬，生意終止，故亥月即為終月。二十四節氣，亥月始於立冬，以「終」、「冬」有相通之意。

二、五行人格相關於事業、富貴之過程性時，常以木火屬積極進取、入世類型。金水則是消極回避類型。天時運氣播精元於五行四時，庚金分得「守固其志」。

三、亥月生意已終。其節令在天則陰氣盛而成寒流；在地則陰凝而成水體。此時氣候冷而寒。庚金於此，非丙不暖，無丁則頑。實務當中，丙常用以解凍取暖，丁用以溫煉頑性。換做十神即是：

●丁——正官——有情之提煉。
●丙——七殺——急切之鞭撻。

十神格局成敗與否：
●丁正官喜見財、印。
●丙七殺喜見食、傷、印。

四、倘不顧生意，冬季不用火而用水木，也非是不能有成之人，只是過程緩慢，這個緩慢當然也是可以嚴重到「一生未見作為而人先不在」。比如常有書云：『冬水不生木』——冬月亥水食神若去生甲財其效果大打折扣，生財過程緩慢。若能帶火又不被沖刑合化，則木能改善生機。

〇〇 〇亥 庚〇 甲申 木生艱難——財艱。

•傷官：癸

金寒水冷，癸水有依附性——假客氣，拒人千里。習慣性冷漠。
癸喜庚，庚之傷官癸水入命者，對貴人有拒止心（正官也為貴人）。

庚日子月

一、十一月天氣嚴寒，似有凝結之意。仍是丙取暖、丁煉性、甲防土厚。至於《造化，窮通》所說：『用丁必帶甲，用甲必見庚』，也是一種簡便記憶方法，其中含義不外乎人身、人事，天人合一之理。

二、書云：『支成水局，不見丙丁，此種傷官格為人清雅，衣祿常盈，但子息艱難』：

〇丑 〇子 庚子 〇辰 無火。此為四見水局。若是時支不參與水局，則不以妨子論。
「清」——傳統文化中常以「單純」、「乾淨」、「專一」、「安靜」為清。如：水平靜而清澈、人無事則清閒、旁觀者清……

——命理學中則常由如下格式推導：

•水主靜。水旺不犯刑沖合會，不見反剋。

•地支有一位不被刑、沖、合、會、反剋，可論一段時期之清。

•格局不混雜則是事業人品之清純。

•五行至少缺兩行，是為全面的清。

「雅」——美好、為大眾接受、大方——因「雅」涉及事物的美好程度判斷，故此是屬於格局範疇來判斷較好：

•傷官配印則動靜結合。

•正官偏財則雅俗共賞。

三、諸書均言：『寒金喜火』。即冬令之庚，以用官殺為上等好命。不但《三命通會》如此，《御定子平》、《子平真詮》等書也都持有此意，只不過出發點、細節不同：

•丙——七殺——逆用（食神、傷官、印綬）

甲午 丙子 庚申 癸未 胡訓。

兵部尚書。

•丁——正官——順用（財、印）——故《子平真詮》以「傷官用官、金水獨宜，要財印為輔，不可傷透」。

戊申 甲子 庚午 丁丑 丞相。此為《子平真詮》所附命例。再著重提一下《子平真詮》的命理學邏輯：

此命《子平真詮》原文論曰：『傷官用官，金水獨宜』。此處「傷官」是指這個八字月令傷官，為傷官格。「傷官用官「即是傷官格用正官。「金水」二字乃是金生於水月。按其「金水獨宜」推論，似乎其它季節傷官格不宜用正官。

我先列舉若干命造再論：

•辛巳 甲午 甲午 己巳 王太守

•乙丑 乙酉 戊辰 丙辰 孔天引布政

•甲寅 壬申 己卯 壬申 侍郎

•己巳 丁卯 壬辰 辛亥 張志淑解元

•戊申 甲寅 癸丑 庚申 劉侍郎

以上春夏秋三季傷官格均有正官透出，為了防止因時辰不準而失去正官，我特意列舉年上正官的八字。當然，我這樣列舉也有問題，不足以說明問題。我詳細闡述如下：

戊申　甲子　庚午　丁丑

注意事項	子平「真詮」	本書	異同
關於格局認知	以月令立格，故此八字為傷官格。	這個八字有正官格，偏財格，偏印格，比肩格，傷官格，正印格，劫財格。然後按照透藏合會五種基本樣式而論每個格局的效用。	「真詮」將這個八字稱作傷官格。本書將這個八字論為有傷官格，傷官格在月令不透，且有其它格局。
用神	用神是「有用之神」。格局本身就是用神，此八字傷官即為用神——需要被用好的神。	丁為煉性之日元喜用。八字無丙調候，午火丁火調候力度不夠。諸多格局為十神格局用神，就看能不能生剋制化得宜。	「真詮」是要以用神是否得用為論命出發點。本書則以諸多格局在天干如何，在地支如何，在用神喜忌如何，而論人生多層次的作為。
用	為了讓格局好，而要用到的字為「用」。比如這個八字論為傷官格用正官。有時候為了去解刑沖也去用某字。在論大運時，也會用用某字去扶抑日元。	「用神」與「用」相統於日元總體而論。	「真詮」之「用」與閑神、相神、喜神、通關、扶抑等概念有必然使用邏輯。本書論法則省去諸多概念煩惱。避免捉迷藏。
兩家適用範圍	似乎是在論富貴。	似乎是在說明此人因何而如此。	「真詮」適用書生論命。本書適用實務論命。
擅長	擅長於八字本身。	擅長用於流年。	「真詮」重命，使人相信的確有命。本書重人生體認，使人能自知。

『子平真詮』的論命程序和本書之異同之處，以「丞相「例論：

《子平真詮》「用」這一字的含義：戊申 甲子 庚午 丁丑

此命論為傷官用官。第一層次疑問：既然偏印偏財也透出，地支還有比肩，為何不是：

- 傷官用印綬？
- 為何不是傷官用財？
- 為何不言地支之申為用？

第二層次疑問：倘若按第一層次思路問下去，就會又派生如下的論調：

- 難道因正官有地支祿位，比較旺，所以是用官？
- 難道因正官地支在後，所以用正官？
- 難道因正官優先於印綬、財星，所以用正官？

第三層次疑問則會隨著以上疑問未被解開而再延伸開：

•有根的才能用？無根的不行？

•子平法「以財官為本」，一定要全面落實？

任何一個理法，若疑問會衍生到第三層次甚至更多，即便是真理也不嚴肅了。越是往後，越沒邏輯，「玄學」自此誕生。

以上各層次疑問，在本書和我的課程都能找到答案。或者說如果按照本書的思路批八字，就不會產生如上問題。

本書相較真詮，還有如下不同：

•本書認為八字有用神，但這個用神是用來針對性預測的用神。如日元喜用神是修情煉性的。用得好可知情見性。而「真詮」將用神關聯富貴，用神得用就是富貴命。

•本書不依某個字去定大運流年的好壞，因此不存在捉用神之說。如本書論大運時採納這兩個訣法：「一運之中，因大運而形成某個字被沖又被合，則此大運平常」、「流年可以否定大運之好，因此不單獨論大運，而只是宏觀論」……也是如此，本書沒有什麼「通關」、「扶抑」的煩惱。

四、例：二零一四年九月十四日網絡論命例，男命。

庚午 庚辰 乙卯 甲申 已知此命壬午運進過監獄。此人考問：那一年犯的事？

辛巳運（95.6——05.6）

壬午運（05.6——15.6）

➤正官無輔，當然格局不成。不過按照一般十神法理解：正官無輔沒有七殺混雜，也多屬忠厚老實人。此命坐過牢，難以言其忠厚老實。造成這種狀況，有以下原因：

a) 正官爭合——身強者弄權，身弱者被人使喚。

b) 庚辰為魁罡——正官格臨魁罡多為九流（關於此類零碎不成體系的法則，收錄於《十神訣法總錄》）。

➤時柱劫財坐正官之祿——倘若不坐正官，也就是說比劫不坐絕位，則此命可論為一般手藝人，但劫財坐絕（劫財自身之絕位）同時，官無生護，多論為不交善友，因此而成凶。

➤此命什麼大運好？官無生護，當以財運、印運佳，按理壬午運印運應為好運。疑問是：這個所謂好運，是怎樣好？能好到什麼程度？能成局長？能賺百萬？

一旦問到如此，就不叫實務論命而是「書房論命」了。為瞭解開這個難題，本書將「論命」區分為實務論命和書房論命。書房論命是誰也說服不了誰，一家一個說法，主要是因為衡量標準不一樣，如本書以小康即為好命，真詮則以省部級以上為起點。實務論命時，只需要「準」。

需要注意此人已經報過「自己坐過牢」，單單拷問是那一年犯的事坐牢，欲以此觀察論命之人的本事如何。即為：什麼樣的流年能犯官司？是不是只要找一個嚴重的刑沖合會之年就可以？

我批：

➤一入運第二年即為丙戌年，雙沖月柱，又為三會傷官透出，可論為犯凶。

➤戊子年雙沖大運——沖大運為運氣轉折，可論此年扭轉一連幾年來的局面。

➤庚寅年與時柱沖剋，可論為交友不慎。

➤ 癸巳年合劫財絕位，還可論為因朋友破財。

我作如上之論，他大呼「神人」，詳細反饋為：06年秋搶劫罪入獄，08年保釋。13年被朋友拐走一條金鏈子。以上實務論法直擊要害。此人並不在意自己將來如何顯貴，如何富有，何必似「真詮」一般用神、相神？網絡上還有其他論法如下：

➤ 此命身旺，戊子年三合水生日元更旺，所以08年戊子犯事！
➤ 此命官弱，庚寅年沖去申根，正官失效，10年庚寅犯事！
➤ 時辰對嗎？這命應該是公務員。
➤ ……

五、《氣象篇》論：「過於清冷，似有淒涼」。《造化，窮通》借此來說事——此月『柱中一派金水，不入和暖之鄉，主一生孤貧浪蕩，謀旺難成也』。但卻出人意料地舉了如下命造為例：

壬子　壬子　庚申　庚辰　批曰：『尚書命，井欄叉格局』。這個八字無火，一派金水。到底是井欄叉格局可以超越五行性，還是此命可以不論五行性。要不然何以有違逆之處：

•凡涉及是否事業有成，即要以格局成敗而論，單純五行性則定人事過程、特色。

∨此命按照通常解法：天干食神見比肩，論為天格有成。地支順化格局自坐旺地——地格輔助天格，可論為有成之命。冬生無火、金水一派，人品清高、有才——但孤傲不合群。

六、庚子日不論男女，總以「是否貌美」打量對方。

•正官：丁

五陽干中唯庚喜正官——精火煉金。貴人與機會同一。

庚日午月

一、午月，陽消陰萌之候。火旺烈。庚得火燥、土氣薰蒸，若不見水來寒鎮，恐成濕熱。故，此月已有丁伏庚性，更須壬水涼潤——夏月炎熱、水汽蒸發，此時水汽彌漫地表而肉眼不見，雖八字不見水，亦論為有濕。濕之甚者為水。壬水寒，正似北方寒流，一遇地表濕氣即化為雨，若不洪泛，則天地萬物無不歡顏。

二、初學者，常生疑問：丁為日元之喜，不應被剋被合吧？丁為正官，需得順用，亦需得生護為主吧？

•庚喜丁煉，是以庚有人格頑、硬之缺陷，得丁方知天外有天，人外有人。固然是不應該被干擾。若被干擾，則是在干擾中起作用，而不是一點用沒有。

戊○ 甲○ 庚○ 丁○ 丁得生扶。

○○ 壬○ 庚午 癸○ 煉過之金，不得俗世照應。

○○ 丁○ 庚○ 癸○ 丁不得生扶。驕。

○○ 癸○ 庚○ 丁○

•庚金得水——驕、冷：壬急、癸靜。

•庚金得火——頑人知禮：丙燥、丁禮。

三、不得調候例：

丁未 丙午 庚戌 丙戌 府尹。地支均藏丁。

•七殺：丙

太陽光，能做冬季調侯之用，而不能煉金。丙為萬物提供適宜溫度。火多者見丙，反有酷烈之嫌。水寒多者見丙，成既濟之功。

庚日巳月

一、金自火生。前文論火時，言及五行之中：

•木乃有生命之物，常喻為人之生命力。
•火乃人之活躍、消耗指數。
•金乃人之消亡、收縮指數。
•土為存儲、運作、保養指數。
•水為養育指數。

人之一命，分作五個層次，既在同一平面，又各有各的維度。金司傳輸、轉運，此種職能始於火之活躍——巳月庚金長生。為顧及萬物生長，不特日元本身，天地萬物亦要壬水調節炎熱氣候。

二、量變導致質變：

•若丙火一派，為七殺過多，僅天干之水調候，為天地脫離——有名無實。此為調候不得祿旺。歲運旺地逢沖，需注意樂極生悲。

〇〇　〇巳　庚午　壬午　怕亥子運、亥子年。

十神法遇七殺（丙）旺多，以印化殺為好，也即是用土，正好與調候為急相反。實務當中兩者並不矛盾：

〇〇　〇巳　庚〇　己〇

•我們以調候、喜用是為用神，是站在「命」的層次上說的。而支無祿旺、排列不當，極易引發意外之災，這又是站在「歲運」角度說的。

●我們以土印為格局之喜，更多強調的是做事才能，以及人生穩固——這種格式在流年歲運中凶象不大。初學者遇到命書言及「吉」、「凶」二字，最怕囫圇吞棗、泛泛而過。有時候命書所說吉凶是站在命之層面，有時候是站在流年歲運層面。

三、在十神法中，此月如殺旺，可以用印。但這在一些初學五行法的讀者看來又有「燥土不生金」的困惑：

●戊土，再得火多可論燥。己土則不論為燥土。另外巳月本身含有金氣。

●不論此月之土是否是燥土，則類似「冬水不生木」、「燥土不生金」之論，只是言及「過程艱難」，是效驗上不盡如人意。至於這個不盡如人意有多嚴重，我相信這就不是單純命理的問題，而是要參考風水、遺傳、人際、健康，因人而異。或許有某人的風水是：「出生於火窯、煤場」，祖墳在山石少雨之地；又家人八字也都是一片丙丁午未火……那此人的「燥土不生金」或許能嚴重地導致其人早夭，而無從論及事業、富貴了。

A.　　戊——煤場、窯場。

B.飲食上：羊肉——生燥。豬肉——養陰。

C.庚辛金遇燥土者，多患糖尿病。

丁未　己酉　辛巳　戊戌　女命。27歲時查出已患糖尿病。雖金有祿位餘氣之旺，又如何？身臨燥土。

四、此月吉凶提綱：

- 火煉太過——處事繁瑣、辛苦。
- 火土燥烈（戊）——健康有損，是為不純之鋼。
- 濕土生金（己）——安穩、厚重。以濕化燥。

•正印：己

庚為甲之貴人，己土合甲，故有污損、遮掩庚金功用效應。

庚日未月

一、六月三伏天氣，熱至極，濕又甚。去熱用壬水，祛濕用甲，丁火煉金性。甲之用，又可扶正火苗。提綱為：

•火煉則金堅。
•水潤則金明。
•火炎則金爍。
•土厚則金埋。

二、以『真詮』重月令而論：

•未月——官印相生。未中藏丁己官印同根。

甲〇 丁未 庚〇 己〇 財官印三全。未中藏乙丁己為財官印同根。

三、若以五行性、十干性情而論，以下用之法最為自然：

•辰月——透甲破土，丁為正官，即財官同見。

•戌月——同上。

•丑月——透火取暖最佳。即：官印相生、殺印相生。

•未月——透水調候，未中已有丁火，即印格身強用食傷。

四、實務當中：謀生階層但求「地支安穩」。一般白領、藍領階層但求「格局、大運」通順。有成階層主要關注「心願是否達成」（調候喜用）。

•謀生——重安定。

•有成——怕重組。

•成功——求心願。

庚日丑月

一、十二月丑，取自然之象為濕泥凍土、寒冰溝渠。萬物於此，宜先丙火解凍，則凍土能開、浮萍得活——調候。

二、《命理學教材第一級》將十神分左中右三部、一二三級：

- 三級——名利之物——官殺財。
- 二級——安身之本——印食傷。
- 左者——社會榮辱——官殺印。
- 右者——私心之向——食傷財。

凡人八字均以此配合而再論社會中的成敗。如十二月庚金，若得印透，則有印格，再以此印配合其餘諸格而論，以印綬格見比劫為例：

- 印綬比劫——公義、文才，保全其身，去利絕欲。

配合五行性再論：

●庚本涼，十二月之丑透己更為濕寒。寒涼濕滯配合印綬比劫如何？書云：此月『支成金局無火，僧道之流』——以僧道之流代指不近名利、不入世。

三、《窮通寶鑑欄江網》雙胞胎例，兄舉人，弟生員：

己巳 丁丑 庚子 甲申
己巳 丁丑 庚子 乙酉

原文批為：『兄舉人、弟生員。弟酉時，無甲顧也』。其立論實質還是尊重原文：『用甲則配丁，以甲扶丁，庚甲丁三者不離』之論。

讀者應有如下體會：

當前的流行命理學，仍是以能解出具體結果為立論導向。我在以前初級入門課程、中級課程中經常提一個觀點：命理學預測一是預測過程、一是預測結果，兩者不可過份單獨強調，一旦過份即失去預測學意義，比如這兩例八字。所謂兄勝弟，所謂舉人、生員，只是一個具體結果，試問其過程如何？幸福感如何？一生是否稱意？重視名利者，固然是將品級看得很重，然而家庭婦女、一般初入社會的年輕人更關注「選擇」、「過程」。當前絕大部分命理學書籍，均以定出「結果」為能事，這本身就違反了陰陽「統一辯證」的關係。預測學當然要以準為基本標杆，但命理學更有一把標杆——趨吉避凶。

這個「準」字如何看待？

●八字對應的一個時辰中有古往今來無數的人——學理上。
●實際預測過程中，八字只對應當前一個人——實務中。
●本書屬於學理範圍，適用於一個時辰的成千上萬號人，通向實務之準的過程則是將書中法理準確對應命主的過程，這個對應的過程屬於實務能力，與讀者本身有關（學識、經歷）——世事洞明皆學問，人情練達即文章。

這兩個八字，以本書觀點而論：

➤兄時上偏財坐祿，弟時上正財坐刃——人生幸福感相差極大，兄勝弟。

➤兄年時相合——得子後能享祖、父之蔭。弟時支三合刃——難得家財。

➤兄申時能生水，弟酉時還能滯水——弟晚年生財不暢。

➤兄半食傷局尚能生財，弟金局比劫破財之象——弟宜武職。

當然，此二造實際情況無從考證，若以我簡潔論斷，則為：

➤兄宜文職，弟宜武職。

➤兄奪弟之家蔭，弟宜投身公門、另立成家。

●偏印：戊

戊合癸，癸依附於庚。戊合去癸水正好也遮掩庚金之「偉岸」形象——束縛手腳。

庚日辰月

一、三月，地氣內外不均，需以甲木破之，方能使土現靈氣，而不至於使金不知所措。所慮者：

●不但無甲疏土反而添土——大腸不滑而澀、氣機阻滯——致人做事緩慢、無重點，不能立杆見效。

二、甲木破土固然是氣候得宜、天時眷顧，而庚也不宜缺丁——助庚金脫去頑氣，能使其與人共事。不得火煉之鋼，難脫拙樸之氣。

庚午　庚辰　庚戌　己卯　梁湘潤，五行法如何而論？

➤ 倘若以格局成敗而論：印透有比肩相護，宗教藝文有成。

三、庚之丁甲，一為官一為財，皆為子平法所重之物。不論調侯、喜用，僅就十神法：官主貴，財主富，若能順用得當，可論富貴。這實質上已經覆蓋《造化，窮通》中「旺土遇甲，乏甲不能立業，無丁焉能成名」之論。故我總問：到底是五行法本就能推富貴得失，還是當前「五行法」屬『財官派』大師改寫而流傳？亦或是要相互參看，不可偏廢？。

四、《窮通寶鑑攔江網》例：

庚子　庚辰　庚申　壬午　太師。此為《窮通寶鑑攔江網》例，列於庚生辰月之下。此命有丁無甲。以其原文『有丁無甲、愚懦腐儒』之論，此命當如何？原文不以此論，而批曰：「時出壬水，支成水局，井欄叉格，官至太師」。似乎原文又是在強調井欄叉的高貴，可以超越丁甲齊備之需？

➤ 此命以常格看：食神格得比肩相護，天格已成。

➤ 地格午火沖局，晚年一變。

庚日戌月

一、三月乃長金之前，九月乃金退之時。三月用甲破土，九月亦用甲破土——使得內外平衡。

●辰月內冷外熱，外火、內水象，類似白羊座「看起來精力旺盛、實則沒有後勁、內心沉寂」之論。

●戌月內熱外冷，外水、內火象，故天蠍座有「外表神秘、冷酷，內心一團欲望之火」的性情傾向。

二、戌月有丁，但防土厚，火燥。土厚用甲，火燥用壬。吉凶提綱如下：

●寅午戌多而火局——用壬。

●申酉戌多而金局——用火。

●戌見戊多而土局——用甲。

●土薄見甲多——骨肉參商①。

①參、商都為二十八宿，因其不同時出現在天空，故常用來比喻人情冷落、親恩不顧。

●金衰見群火——令人筋骨酥脆，不堪大任。
●群金見土——頑鈍質樸，福出艱辛。
●多水夜生——冷退，不受重用。

三、例：

壬寅 甲辰 庚子 丁亥 顧可久。民間稱此人為煉尿尚書。此人用童男童女之尿為皇帝練長生藥，得皇帝信用。

•比肩：庚

比肩有同氣相應相互扶助之意，而庚之比肩，因庚寒燥而沉，故只是壯大氣勢，各自為政，少有相親之意。

庚日申月

一、七月立秋後，庚金位於本氣而顯出本象。其本象者：剛而鈍。

二、此月還是以丁鍛煉金性，甲木防土過多。為何不強調用水、不強調用土、不強調用金？

其中原因：

•一者，命書只能言其大概，不能盡論。當以解決主要矛盾為主。

•二者，命書需留有空間任讀者自由思考。倘若盡述盡言，勢必掩遮讀者眼界。

水、土、金此三者並不能直接彌補庚金五行性之缺，但也非是此月不能見水、土、金。七月，不太需求調侯，故略而不論。此月再見水、土、金而得用者，是屬人性有偏、成功緩慢類型。

三、十神法，此月用丁即是用正官。火於七月炎衰而退，故七月之丁火正官如不地支帶祿位，即要天干帶財、帶印生護，方能久穩。官星喜財，於退氣之月更然。需要注意者：

- 正官配財，其性向私；正官配印，其性趨公。

四、此月庚金，《窮通寶鑑攔江網》以『用丁煉金為首選』。《三命通會》則強調：『用水泄金而金清水白』。不大明瞭五行性、十神性區別的初學者，關於兩者論述，可能會不知如何取捨——為何非得取一捨一？關於命書多有「矛盾」之處的原因，我將其歸類為：

- 很多時候是因概念、定義不同而產生的。
- 有時候是因為好壞命的標準不一樣引起的。
- 又命理學中同詞而異義者比比皆是。比如一個「用」字，我就在《命理學教材第一級》做了三種區別。
- 《窮通寶鑑攔江網》《三命通會》兩者論述有如下要點：

a)用丁能解決五行性偏失。而丁非是富貴的前提、必須條件。用丁煉金，並非有丁即可，仍要使丁火透藏得當。

b)「金清水白」也是屬於成功命的一種，當然也不是唯一格式。用水泄金者，也不是以有水為好，也要透藏順逆得當。

c)五行法以天干一派、地支一片、合會、成局透干，必須反制。

d)十神法以殺傷梟刃需要制化、財官印食需要生護，而後再論強弱。我做如此解讀，讀者自能明白『同詞異義』是怎麼回事了——都是在論「用」，各家不相同，解決的問題的出發點也不相同。

《窮通寶鑑攔江網》、《三命通會》兩個觀點的出發點是在不同維度的差別，而非是取一捨一的關係：

- 用丁佩甲——注重性情、天性、愛好——人到一定層次會以『達成心願』為終極目標。
- 食神泄秀——注重才能——人在生活中，迫切的是「要把事情辦好、辦成」。

•劫財：辛

劫財有競爭阻礙之意，庚之劫財辛，因庚喜丁，辛喜壬，丁壬相合，故庚與辛之相互競爭實又為相互阻絆。

庚日酉月

一、七月之庚可稱「鈍」，八月之庚可稱「銳」。

•以十神性而言：祿位本氣者，不偏不倚，中正之象。劫財旺位者做事操切，維護過甚，其處事如錐在囊，不甘平庸。

•以五行性而言：八月秋分前，陽氣在上，秋分後陽氣歸下，庚金本性寒涼，於秋分後更為寒銳，不可接近。

二、命書作者、命理學者都極為關切庚金之陽刃。陽刃在十神中就已最為剛暴，金於五行中又最有殺傷力，兩相結合，即以庚之酉刃殺傷力最大最顯。

三、庚之用丁為五行性之需，若再同時參考十神性，則八字中同時要以七殺制伏陽刃：

•庚——辛、酉——丙殺制伏——正官不足以壓制陽刃。

•庚——庚、申——丁正官管護——七殺之力過強。

鑒於此，初學者可能會有矛盾：此月到底是用丙還是用丁？用丙更貴還是用丁更貴？亦或是兩者齊用。這些困擾的核心是：

•有些學者始終以為僅憑八字就可以分出富貴等級，也多相信大貴有大貴的格式、小貴有小貴的格式。

作為實務論命則不會有如此困惑，而是相信：

•風水、人際、健康、人之努力，皆可約束人命八字某一干支之影響力。

•並不是八字在單向地去影響風水、人際、健康、後天努力——而是相互影響的。『一陰一陽之謂道』。

己卯 癸酉 庚午 丙子 張承勳總兵

丁丑 己酉 庚午 庚辰 黃希憲御史。

己丑 癸酉 庚午 丁亥 蔣瑤閣老。以上三例難道要論品級而定丙丁「威力」？品極大就好？論命就是論品極大？清朝時有過『三年清知府，十萬雪花銀』，也有揭不開鍋的二品御史。貧富、貴賤如何區分？

四、《造化，窮通》云：『金旺木衰，非火莫制，不見丙丁，藝術之輩』。

●書房論命重視如何是『金旺木衰』，如何算得『火制旺金』。

●實務論命者更在乎何為『藝術之輩』。

一般而言：古人命書所說藝術非是專指現在的唱歌、跳舞、畫畫。而是「藝」與「術」的結合。藝者，技能。術者，方技。前二年，網絡論壇有人指我為『江湖術士』，這其實就是類似不懂「藝術」是何，而將算命先生僅僅看做術士。我本人有時候是多麼希望這些人看看我的書，讓他們知道一個所謂『術士』所要體認的人生哲理、需要擁有的人生視野是多麼廣寬。近世一些命理學者，比如徐樂吾等，本身就是五術界中人，卻由於接受不了家庭沒落、人生失意的現狀，自己就在自己的命書中經常提「易卜為小道」的觀點。古有『治大國若烹小鮮』、『大醫能治國家』之說，而我們近日的自輕自賤始自何時？

五、例：

癸亥 乙卯 甲午 乙丑 大學文憑，畢業後找工作不順而後學習風水，被騙。又再學大六壬，又被騙。學奇門又不了了之。從此後自己也感到預測學就是騙，經常自嘲為『神棍』。

壬辰 己酉 庚申 庚辰 徐樂吾命書例，批曰：『柱無甲乙丙丁，支成金局，名從革，西北運美，東南運為忌，火鄉必死。用神有取印取食傷之別，總以泄秀為美，所謂強金得水，方挫其鋒是也。此造壬水出干為用，惜己土並透，有沙水同流之象，略見微疵，運行北方貴必顯矣』。

徐先生的文筆著實不錯，邏輯貫連，最能讓人模仿而上癮，初學者看多了，不覺之間批八字也就採用此種路數。我們可以簡單抽列幾條行文邏輯：

▼支戌金局——明顯不是僅有支戌金局，至少是有申辰透壬之水局——行文隨意。

▼因無甲乙丙丁，所以東南為忌，南方死——此論尚可接受：凡命中不帶又無引用者，歲運旺地易生災。

在取印還是取食傷泄秀上，有兩項法理：

▼論命要取用神，似乎去用神是為取大運的前提。

▼因身強故而取食泄身。似乎是取『中庸、平衡』的原則。本書不倡導初學者先取用神，而是先辨析各種用神的用意、效用，或者說是詳細辨析八字中每一字的所賦人生含義。第二點，人之八字均衡固然重要，但須是在『格局成敗』之後而論，方能見效。

徐氏邏輯：

▼格局、身強身弱——用泄、用補——取用神——論富貴等級——取運。

本書倡導的實務邏輯：

▼日元特點——日元與各個用神的意向——解讀各種格局效力——歲運自成一體，不完全由所謂用神決定——以歲運論現實問題，不虛托富貴。

第八節　辛金

辛干論

掌肅殺之權——少同情。

芒銳，剛柔同體——露鋒芒，有銳氣，柔中之剛。

聲鏗鏘、體沉靜、堅忍。

得時黃鐘震響，失令瓦缶亂鳴——心態隨境遇而變。

•正財：甲

辛金不足以剋制甲木，掌控力較差——有耗力太多，回報不足可能。

辛日寅月

一、《易》云：『仰以觀天文，俯以察地理，是故知幽明之故』。又云：『近取諸身、遠取諸物』——此易道求學之綱。十干四季十二月，身性變化於四時節氣，近能應身，遠能應事，讀者務必高屋建瓴、觸類旁通。如辛金，在天為月，在地為金玉，於人身主肺，於功效主宣發肅降。四季春主生長、夏主繁榮、秋則收、冬而藏。一時一地、一物一景、一因一緣一變化。

二、辛金為人間可愛之物，喜清潔——辛在身為肺，乃嬌臟，忌火旺土燥，乃行水之臟：

•以其喜清潔、嬌嫩而喜壬水來清喜、潤燥——壬乃隨身所喜。

三、正月陽氣申舒而寒氣未除，只是肺乃嬌臟，於水火極為敏感，寅月、巳月、午月、未月、戌月總歸有火燥之氣。

●正月為防火盛而成春旱，可用己土之濕化燥又生養金氣。

四、正月，如火旺則易乾旱、水旺多則春寒，易致造化偏失。十干於此均須注意。辛金此月：

●火旺則成過煉之鐵，體弱多疾；

●水多而旺則金弱沉寒，性情不合群、做事不顯。

癸未　甲寅　辛酉　己丑　王宗沐侍郎。任內主刑部（相當於今日司法行政部門）事、治水、講學。其生平詳細細節已難考察，我們做事後附會而論：

➤金主刑傷，若為日元或日支，其人性情（而不一定是才能）較為適合從事刑獄之職。

➤春月氣寒，癸水通根於時，是為『寒中見寒』。五行中秋金主「義」，金水主「武」——八字寒涼宜武職、司法、刑罰、兵警、技術。

▼月令正財旺而得生——善理財。

▼時上印——又能治學。

▼甲己合，因己在後，故晚年多因「治學」，妨礙「理財」相關事務。

•偏財：乙

五陰乾之剋均無情。

乙木曲柔，辛金之剋須隨其「長勢」——時髦之財。

辛日卯月

一、二月木氣秉令。單論五行正二月均為木主令。論氣候：寅月天濕在下，冷燥之氣在上；二月春分後陰陽各半，濕從地下升出地面，故不燥。因正月冷燥，忌諱再見冷燥失衡（水火）。二月之濕生則無此慮。

二、二月陽和之際，不冷不燥，氣候並不偏頗，此時可專注修煉身性，即：用壬洗身。倘若土多，如戊多而燥、己多而濕，又可用甲破防——蓋因戊燥能使辛金失潤，己濕能使辛金不潔而生痰：

•戊——燥土——不可火多。

•己——濕土——不可水多。

貴乎微火宣烤，清水泛洗。比應於人事：

• 燥者——事多而煩。

• 濕者——滯而不顯。

三、二月木旺，木重而多者，向上之氣頂撞辛金——肝氣上升，隨心火向上而至肺——易生火而烤、擾清新之肺——十神法中，此月財旺，萬不可帶火為殺——體弱、勞咳。

○○ 丁卯 辛未 乙未 操勞命。男女皆婚姻有妨，因殺無制、反有財生。

四、例：

壬子 癸卯 辛卯 壬辰 女命，《窮通寶鑑攔江網》例。原文批曰：『金水汪洋，一生淫賤，孤寡』。

推崇任注《滴天髓》的初學者，遇到此命總易以「從兒」格論取本命。在此提醒讀者：命理學本身有程式，學命也應有程式，不要亂來，不能隨心所欲地弄一些說起來很痛快的辭藻去為了批命而批命。

➤此命天干食傷、隨性之人。男命還可論為手藝人，女命食傷多者自食其力、不靠丈夫。

➤十神均為謀生手段（參考《命理學教材第一級》）：天干食傷混雜不見財，無固定職業——此即所謂格無輔助。天干食傷、地支財者，明著風月暗中財。

➤命書多以金水旺洋主「淫蕩」，是因為：金水最為美麗動人，水又主生殖系統。

●食神：癸

癸水依附，雖潤，淘洗之功不足——不能洗淨辛金，以潤為用。

辛日子月

一、十一月之癸，為寒冬雨雪，已不再似秋之霧露。其自然之氣候即是「兼寒兼凍」。生於此月須以丙火解凍。解凍者，一解金之凍，二解萬物之凍，非是單為日元而設——八字即是我，亦是我之外——此月之甲乙木，無火即為腐凍之木，怎能發榮：

●不能發榮——財無生機。

●凍水不生木——見效極慢。

二、雖為寒冬，亦要水洗辛金，因金要清潔、不可玷污。於人身辛金肺主呼吸，通過氣管出竅於鼻而於外界相連，時時吐故納新，不可中斷，故辛不離壬。壬者，淘洗、清潔之用。

三、初學者之煩惱在於：冬用丙調侯，而又用壬洗身，水火相剋，豈不矛盾？關於這點疑難，可再從五行法、十神法兩個層次分論：

•五行法之用神：即調侯與日元喜用，二者要有，以調節生機。

•十神法層次：為傷官，必須要反制；丙為正官，必須要生護。被合，其功用即會被耽擱、干擾。如：

○○　壬子　辛○　戊戌　壬洗身，雖被戊剋，但也是洗過之金。壬在十神層次，壬傷官正宜戊土來剋。

○○　壬子　辛○　丙申　五行層面，壬丙皆有——活的很自然。十神層面，傷官剋官，失敗之命。合起來論為：活的自然，但難論成就。

四、例：

壬申　壬子　辛未　戊子　王國光尚書。此命無丙透出調侯，有人可能會問：『沒有調侯怎能大貴，是不是時辰不對』？

前文已經提及：調侯喜用不直接決定富貴。發達、富貴、長壽等屬於成敗範疇。調侯、喜用等屬於成敗方式、過程範疇。

成敗論：

- 壽——印比之成。
- 祿——官印之成。
- 富——食財之成。
- 夫妻——財官之成。
- 子女——食傷、官殺之成。

過程論：

- 調侯——機會、時機。
- 喜用神——喜歡、選擇。
- 格局用神——做事方向。

大運戊午（1569——1576）庚午年被授刑部主事，還未上任，又被改為戶部：

▼戊午、庚午，歲運伏吟，主反復不定。又庚午合辛未日元，主競爭——職務被他人頂替。

壬戌　壬子　辛未　壬辰　女命。現代人。批八字時，應注意宮位對人的約束，比如：

▼與普通人相處，先調動月令：辛生子月，人有距離感，寒暄而不近人。

▼與男友相處則先調動日支，辛坐未土：貪戀、猶疑。

▼此命天干壬水淘洗，長相嬌好；地支印沖而刑，內心一片混亂。

庚戌運（乙亥年五月——乙酉年五月）。甲申年年初戀愛，年底分手，乙酉年初成仇。

•傷官：壬

壬水因其流動性，可洗淨辛金，為辛之喜——金白水清。
壬合丁，丁為辛之七殺——兼有「喜好」與「護身」功效。

辛日亥月

一、十月寒氣未盛，此時之亥壬正可淘洗辛金。
二、畢竟冬令，生意已終，陰寒日盛——用丙調侯。
三、所慮者，不得中和調配：壬水過多，汪汪洋洋而性情隨意，多能而鮮用——若無木泄、土制、火暖，男女均主情海漂泊。如子月「壬戌　壬子　辛未　壬辰」之造，只在地支有土抵水，論為內心有收斂，而外在仍為失守。
四、實務當中：壬為傷官，依十神法，當用印綬制伏、財星順化，若再結合五行性而論：

•用戊印——戊為燥土，能解水泛、能燥水濕。
•用己印——己為濕土，不能有效抵擋水泛，反能同流合污——言清行濁。
•用甲財——干木，能解水濕——乾脆利索之財。

•用乙財——濕木，反能自傷——生財緩慢。零碎之財。

五、大體冬月之金，晴朗則金清水秀，雨雪則水冷金寒——八字透火可謂晴朗，八字水盛無火可謂雨雪。

六、例：

丙戌 己亥 辛亥 癸巳 范若水。哲學家、書法家。吏部、禮部、兵部三部尚書。與王守仁同時講學。王守仁：壬辰 辛亥 癸亥 癸亥。

依本書所示而批，五行性：

✓丙火解凍，術業開創潮流——與王陽明同時講學，各立門戶，門徒幾千人。

✓日月坐亥，性好演講、謳歌。

十神性：

✓財官遮蓋食傷，公身私用——官員身份講學。

✓食傷多者，學生多。但帶刑，門徒參差不齊，與王陽明多有交叉。

• 正官：丙

丙合辛而成水，水又剋火，而水又為辛之喜——辛金以自身之聲、色反制貴人。辛喜壬，丙亦喜壬，相合而同喜——有共同愛好，不見想得慌，見了又相「制」。

辛日巳月

一、四柱八個字，既攜帶了用眼睛能看到的信息，也記錄了天地自然的、看不見的其它信息，尤為學命者關注的即是四時氣候。如：

• 卯月驚蟄後，陰水化濕，隨太陽回照而從地下升出。

• 酉月白露後，濕化為有形之露水，隨太陽南下而回入地下。

二、巳月火令，雖火旺，地表之上亦有水汽，只不過為無形之水。無形之水者，彌漫天地，不能制熱。有形之水方能鎮熱潤燥——故此月用壬。一者防燥防熱，二者淘洗辛金。若有土厚，可用甲破。

三、支成金局，即巳見酉丑，此時之巳月仍是氣候如常，並不因三合為金而氣候變成秋令——初學者往往不知各種法理的運用層次，而使自己混亂無法。總結起來，初學者在探索命理的路上，往往會有如下關口：

- 不知道有諸多散列於各個平面的條理、訣法。
- 知道有很多類訣法、條理，卻未必分得清各自適用範圍。
- 知道各種條理、訣法的適用範圍和極限，卻無法分清先後次序、輕重取捨。
- 當能分清取捨、輕重之時，已不知如何開口。

如巳酉丑三合是屬於「數」之層次，不改變氣候。當言及調侯、喜用之時，仍要先以巳月而論，而後再考慮合局對於所用之物的牽制。

四、實務當中，又為初學者困擾的一個難題是：巳為丙正官之祿，正是官星秉令，若用壬水調侯兼洗身，豈不傷官見官——此一困擾是因為不瞭解格局成敗而引起：

- 以《子平真詮》為代表的用格方法，是將月令定為八字之格，格局即是用神，是要被用好的「神」——依照善神善用、凶神凶用等規則處理——故有正官不能用傷官之說。但倘若將「正官不能用傷官」當做正官格的八字「不能有傷官」，那就失之偏頗了——若見傷官，印製無妨。

五、辛金有壬水，為樂天知命派。

•七殺：丁

丁合壬——辛之喜——因多疑而失去自由。

火煉精金，形影不離之剋，丁火甚多者，易精神異常、損傷精血。

辛日午月

一、五月，陽氣漸至極限，圓潤之珠玉辛金於此時當有被火煉干，煉化變形之憂。急切之間，宜以壬降溫兼洗身。如能有己土晦火，以濕化燥更佳。其吉凶提綱如下：

- 壬癸水皆可降溫。
- 壬水洗身。
- 己土以濕化燥。
- 庚辛能為水源。
- 甲乙能生火。
- 丙丁火旺土燥。

●戊為燥土而收濕。

二、夏月用水，須時時注意水是否斷流，多因「滴水入群火易犯凶傷」之故。

三、《三命通會》例：

丁未 丙午 辛亥 戊子 批曰：男遭刑，女為娼。

➤若為男命：官殺混而有戊印化，當是有成之人，只因亥子能沖巳午——或三會火、或三會水之歲運即有動盪。

➤若為女命：官殺混，不論是否成格，均主情感複雜，而又地支坐擁食傷——夫、婚皆隨性而為。

由上而論：調候、喜用、十神法等諸多法理，確需理清層次方能運用自如：此例涉及以下訣法：

●地支雙沖——阻斷歸路。

•格局成敗——事業。
•刑沖會合——流年吉凶。
•六親——十神旺衰、十神意象。

四、無調侯例：

丁酉 丙午 辛卯 戊戌 知府，印化官殺。《三命通會》例。

五、無隨身所喜例：

辛酉 甲午 辛未 己丑 龔用卿狀元，無壬水，比肩剋財護印。《三命通會》例。

丙子 甲午 辛亥 壬辰 《窮通寶鑑攔江網》例。原文批曰：「用午宮己土，又透甲壬。中書」。中書為明清時期微末文官職位。《窮通寶鑑攔江網》此種批法，極容易使初學者誤以為：八字須有甲壬透，才能顯貴，本書一再解釋其中利害：

▼ 壬甲出而得用，能使人通靈見性、有才、有情、有知、有所喜、能快樂。如沒有壬甲，也能顯貴，只不過是一種約束「性情」的成功。

成功者類型：

- 有喜用神——有傾向發自原始欲望的喜好。
- 有調侯——與時代相對，能跟上新潮流。
- 無喜用神——兢兢業業，機械性的完成工作，工作也可很出色。
- 無調侯——守舊制。

我深知：學命之難不在於不識字看不懂書，而在於看得懂文字卻不能區分同詞之異義，如「守舊」、「叛逆」兩詞：

守舊：

- 五行性層次——維護月令，出生之時自然生活習性、本性情懷。

●十神層次——如正官、正財——維護舊的社會風俗。

叛逆：

●五行性層次——冬用火：正向鼓勵；夏用水：反向調節——風水、地理、人物等自然界的調整。

●十神層次——如七殺、劫財——人際、社會關係的叛逆。

人對於十神層面的含義是易於觀察認知的，而對五行性層面的意義卻極難參悟，這也是學命的艱難之處：教人命理無異於教人改變思維重新看待世界，相當於「渡人」了。

●正印：戊

戊剋壬，擠佔辛之喜好——有志難伸（戊多），不再天真。

辛日辰月

一、三月，濕氣蘊中，需以甲破土通透天地。又辛不離壬，乃淨身必需——此為常法，學者在乎通變：

●丙辛雙合月時，身不由己——與日元合者，即是日元優先對待，但因辛之隨身喜壬，若先用丙合身，總為身不由己。

●戊多者，有埋金之患，再若火多，用甲則甲也難自保。故，若強調五行性，一般總是壬甲雙用。壬能生甲木，甲木破土。實務當中，土多無甲者，人愚、不識變通，即所謂印多而人懶、保守。

二、例：

癸丑 丙辰 辛亥 戊子 駱秉章，晚清八大名臣之一，四川總督，湖南巡撫。此命雙雙合，又官印食三連環，格局有成。

癸巳 丙辰 辛未 戊子 李采菲，明朝御史，山西巡撫。二人八字天格相同。《窮通寶鑑攔江網》云：『支坐亥子，又見甲，即非玉堂，亦必高官祿位』。上二例，前者支坐亥子有甲，後例無亥有巳、無甲，二者均曾有巡撫之貴。

癸酉 丙辰 辛卯 辛卯 嚴世蕃，嚴嵩之子。借父親嚴嵩之光而貴。嚴世藩為明朝巨貪，善於察眉觀色。此命丙官合身，一可論近官利貴，二可論為玩弄權術。此命可留意兩點：

➤ 辛卯日人身體多肥圓，丁酉日人多高大（網傳馬云為丁酉日人，多不可信）。

➤ 此命孤官無輔，居官不穩，即：丙無生、無護。或曰利私不利公。

辛日戊月

一、與辰月同，仍是甲破土，壬洗身。

二、辛金取象：

●在自然則為珠為玉，質軟、喜潤、喜清、樂水之盈，大體要冬有火，夏有水。怕土埋、不被發現。

●在人身之象則為肺，肺居人身內最高處，如華蓋，為嬌嫩之臟，一遇水火失衡則喘則咳。怕火旺：心火——午（巳）、胃火——戌（辰）、肝火——寅（卯）。喜水洗：水液佈化——壬、腎水制火——癸。

●在天為月，怕雲遮霧掩，雲霞者戊；水汽、濕雲者己。

●人事：戊己——掩埋，才能埋沒；火——不喜煉而煉，則處事艱難。

•偏印：己

己土為濁土，專善污水、有弄髒辛金之象——因愛護而束縛手腳。

辛日未月

一、六月濕土當令，丁火轉弱，但仍炎熱，故仍以壬水調侯兼洗金身。

二、夏月用水調侯，若無根旺之水，則宜有金續接水源。

三、辛金之肺有行水之功，欲溫暖而不欲乾燥，遇乾燥既傷水液又傷血氣，常能令人鼻血、咳血——忌丙戊丁戌重重——用壬甲防之。辛金欲潤，但亦不欲濕濁，濕濁則水難行而積為痰——怪病叢生。故當忌金弱己丑未丁重重——壬甲防之。換做十神用法即是：身衰印旺而多——埋沒才能、低調從事。其提綱為：

•己未丑——偏印——濕——水液難以運化而為痰——滯緩，幽怨。

•戊戌辰——正印——燥——水液傷耗而為血妄動——保守，懋悶。

其變化為：

● 丙丁多見未者用甲，甲亦病——木化為火，更顯燥氣熱灼。

● 壬癸多見丑者用甲，甲也病——木被腐，更顯濁濕——行動不便。

四、辛金乃樂天知命派，但卻時時面臨新問題，故常以壬防身兼洗身。

五、《命理學教材第一級》例：

丁亥 丁未 辛卯 丁酉 女命。

以五行法原理而論：

➤ 亥中藏壬不透——早年歡樂、無邪。

➤ 天干三丁，占滿天格，擠佔喜用位置——一生不得從事喜好行業。

➤ 辛喜壬而有壬——喜文藝而自知，若一絲壬水也沒有即是不知壬水有多好。

此處注意：八字中，年月最多之十神預示人的習慣性行為。如此命年月丁多為殺，習慣性多疑好鬥，這個習慣性行為與人之『喜歡』性行為有時候感覺很相似，讀者須詳細區分，方能直指人心。

○○ 戊戌 乙○ 戊○

➤此命年月財多，可論習慣性對財情敏感，當他高興的時候，說他愛財好色他也會承認。

➤但乙喜丙癸，其內心也似辛金為樂天知命、好養生、好天倫之樂。五行法與十神法兩者相比：人對十神的感受——因時、因運、因心情而變。對五行喜好的感受——潛意識、不變。

辛日丑月

一、十二月，雖已過冬至，太陽已回，但天氣仍寒，還需用丙解凍。為初學者所困惑的是：此時是否還要用壬？壬水在夏季調侯用來降溫，若此時用來洗身是否又會增寒而抵消丙火功用？

●這一困惑的解開，從根本上講還是要多從瞭解現實、觀察人情世故入手。比如生活中兩人為敵，這兩人又同時都是你的朋友——這種情況是否存在？若你認為不可能有這種情況，則也不必往下閱讀本書。若你認為會有此種情況，則務必開動腦筋想想：二人同時遇到你時，你是否有能力讓雙方不打架？是否能讓二人都與你繼續好下去？

二、先讀《造化，窮通》者，極有可能會認為：調侯、日元喜用是福貴的前提。有關此項，徐樂吾、梁湘潤等前賢也是相當注重。梁湘潤先生難能可貴之處是在其晚年，尤其是八十歲之後，重點區分十神格局用神、調侯、日元之喜三者的適用範圍。

●一般階層——重在穩定。看是否有財官旺位。

●中間階層——怕因事業調整、重組而失方向——論格局用神。

●上等階層——論心願能否達成——調侯、日元所喜是否得用。

也即是從實務層次區分，努力不留痕跡地減少初學者對於調侯、喜用的過份重視。《造化、窮通》舉例：

乙丑 己丑 辛丑 戊子 侍郎。

乙卯己丑辛未 丁酉 先貧後富且壽。

甲申 丁丑 辛卯 己亥 制軍。三者均無丙壬透出。

三、例：

乙酉 己丑 辛亥 辛卯 汪道昆，兵部左侍郎。疑為《金瓶梅》作者「蘭陵笑笑生」。

以十神格局法而論：

➤ 比肩護印——此為造透偏印，既利文、又利工（修造）。

以五行法論：

➤ 八字寒凝而財沖——情欲之人。

➤ 不得調侯，反兼辛金助寒，宜武職刑獄——與戚繼光並肩抗倭。

•比肩：辛

五陰乾之比肩並不各自為政，而有相互滲透之情誼。懸針怕伏吟。

辛日酉月

一、八月酉，辛金正位。壬水洗身為要。

二、有關此月辛金，《造化，窮通》論曰：『一二辛金，一派己土，定為僧道』。此論以十神法也可理解為：印格、比格相扶者，八字無財——利文藝、宗教事業。

在修改本部書稿時，網絡上報道了一條社會新聞，標題為：「四川南充一算命先生當街被殺，因算得太準，橫死街頭」。據傳是因為算命先生幾年前為殺人者算命，算他有災，應該出家才能躲避災禍。結果殺人者真出了幾年家。但後來感到出家可能應該避免，認為是算命先生白白浪費了他幾年青春，故找算命先生「報仇」。

一般而言，職業算命先生應避免給出讓當事人作出無意義犧牲的建議。而今日業餘、外行、書房先生動不動就讓別人出家、不結婚、賣房子、改姓等等，皆似不通人情之論。但話說回來 ，人在學校、寺廟隱居，確能減災——經云：「吉凶悔吝，生乎動」。

對於「僧道」的認識，初學者應注意：

僧道可如其它職業一樣，也是一種身份、職業。因此有些人雖為僧為道，卻不一定能誦經念佛。就比如有些單位領導什麼也不會幹一樣。

一般人對於僧道的理解可能僅限於「不結婚」、「不吃肉」、「無名利」，從而認為：命中無財之人才能當僧為道，卻不知寺廟中也得有做飯、燒火、理財的人——正是「正財」的職能。所以讀者論命時，要區分職業與身份、工作的區別。

戊辰 辛酉 辛丑 己丑 張知府。《三命通會》例。也許此人敬佛，但身份是官員。

三、《窮通寶鑑欄江網》例：

己酉 癸酉 辛未 己亥 二人同命均為舉人。文舉家貧，武舉家富。食神順用，但被偏印反剋，應論為敗命。疑時柱為戊戌或庚子。戊時合癸留印，庚時印劫食三聯環。皆見文武雙宜。

相互使絆。五陽干總在氣勢上盛過陰乾。

•劫財：庚

辛日申月

一、立秋後，月令建申。辛金於此為帝旺。與五陽干之帝旺不同者：五陽干帝旺剛而易折、少變通，以其子午卯酉之位地支稟賦單純故。五陰乾之帝旺寅申巳亥者，地支多藏，人得之多才多能、善於變通。

二、秋春兩季氣候宜人，不冷不熱，調候非是急切之事，但用壬洗身不可少。申中自有壬水，須防戊多己多混壬，又得以甲防備。

•十干窮通之道皆如此：先論隨身之喜，再看防喜之物。至於富貴與否，則是以格局成敗而論，並不是《造化，窮通》之類認為的調侯、日元喜用為富貴前提。

三、現在的論命，大約分「書房先生論命」和「實務論命」兩類。前者屬於看看書，尤其看坊間那些流行類的、宣傳個人名利的命理書，而後者模擬其語言去照貓畫虎。初學者當然不知這種流行類命理書主要是為了證明命運可信，證明作者高明，其書中所論是經過文學加工的，要的是讀者的「信服」。所以很多初學者按照此類命理書所論而批八字，會發現很多方法只能批一兩個八字，書中所講並不具備『廣譜性』。實務論命者，則是依照實務帶動治學，二者相互並進、相互補充的方法邊學邊實務。按照當前兩者的表現，有如下現象：

●書房論命：看是否有用神——以定人生層次——以用神論歲運好壞。
●實務論命：審看各格、各用狀態——解讀人生重心變化。審看用神類型——論來人心願能否達成。如：

甲午 壬申 辛卯 癸巳 翰林

書房論命者會如此批論：

➤ 辛生申月，以壬洗身，甲透護衛，用神得顯，當為貴命。

➤ 金白水清則文章顯達，當為詞林。

實務論命：

➤ 巳午全而不透火，壬癸透而無亥子，審看鎖碼之年以定大吉大凶之年。

➤ 查來人當前二三年內流年，以其欲求再論將來二三年流年。

第九節　壬水

壬干論

陰柔、質潤、性淫——享受生活。

聲洪、味鹹、體圓活。

磊落不羈——不留戀。

流通、氾濫——任情任性先於分辨是非。

得時濟物利人，失令妨賢病國——能慷慨，亦能妒忌。

可同患難，不可共安樂。

•正財：丁

丁壬合化木，泄水生火——有利於丁火。男命因情耗財、損身，有異性緣。

壬日午月

一、壬水，在天為流雲（積雨雲），在地為洪澤，在人身為膀胱，在事主變動不居，在情主奔流不已。大體是為常動而無定性，故以戊為堤岸止流，使其節制而不至氾濫汪洋。節制而靜，乃能養育萬物。又喜其寒，寒能充盈水性，不至斷流，故又喜庚。又喜其暖，不暖則有冰封之象，故配丙。水之流者，欲河道暢通，河道不暢則水漫無邊，故又得甲疏通。其吉凶提綱為：

- 防沖奔——用戊。
- 怕斷流——用庚。
- 怕過寒、怕冰封——用丙。
- 怕漫泛無邊——用甲。

二、五月芒種，萬物生長皆欲水養雨滋，以壬癸調侯普降甘霖，又慮壬癸斷流——發源用庚辛。實務當中：

•五月財旺，以十神法而言，財應護衛，或用食傷之生，或用正官保護——木、土。

•五行法則不從財秉令出發，而以五行性著手——金、水。兩者看似矛盾，而實又不在一個層面。若要問成敗，須看財是否成敗。若問何樣成敗，則以日元五行性而論。

〇〇 〇午 壬〇 庚戌 有源之水，立身有道。

〇〇 〇午 壬〇 癸卯 有助之水，能持久。

〇〇 〇午 壬〇 〇〇 無源之水，機會之財。

三、此月為學者關注較多的莫過於「財多身弱」之說。《造化，窮通》云：『支成火局，全無金水，名財多身弱，富屋貧人』。很顯然這一論法不是出於「五行性」考慮，而是屬於十神法範疇。實務當中注意如下幾點：

•格成者——財有生護——即便財多身弱也終是能留財之人。

●格不成者——財無生護——即便身強也終為失財之人。

辛酉 乙未 庚戌 辛巳 女命。財無生護，身何其強。現今三十多歲，積蓄不滿一萬。《命理學教材第一級》例。

乙亥 壬午 壬午 丙午 巨富，花錢買了個武職。財何其多，而財有生。《三命通會》例。

丁酉 丙午 壬寅 甲辰 太守。財多有生。『攔江網』①例。

庚午 壬午 壬寅 辛亥 尚書命。財不透，則天干無財可破。天干之印有比肩護衛。『攔江網』例。

① 《窮通寶鑑攔江網》的簡稱，下文同。

•偏財：丙

壬與丙相互恪守本分，配合均衡時名為水火既濟——機緣之財。

壬日巳月

一、四月立夏後，火旺，以金發水源，以壬癸調侯，與五月相似。

二、實務當中，

火旺無水調侯：

•在健康而言：膀胱得火過甚則閉——排尿困難，尿濁；

•在事業而言：財旺，分神太過，勞碌傷身。

火旺無金源者

•健康：腿不任足、形神散漫；
•事業：取財乏道、欲求不滿。

三、財旺之月，又有一論最為初學者關注——《造化，窮通》云：『如無壬水，火多者，又作棄命從財格，因妻致富』。此一論需注意：
•從財者確有良妻，屢試屢驗——不從財者，財旺得生護，也易有得力之妻。
•已有庚印，是否能論從格？——關於這一項，務必謹記：從財之格亦要合乎順用逆用、雙清、三朋等格式。

四、火旺一片，透癸者易傷殘。
○○ 癸巳 壬○ ○○ 若支中無水，怕走水運逢沖刑。參考後文「訣法」章節。

五、『攔江網』例：

丙辰　癸巳　壬辰　壬寅　原文批曰：『土木交鋒，孤貧一世』。這種論法只會讓初學者感到茫然，完全沒有章法。依本書觀點而論：

▼天干之財無有生扶，先成後敗之命，成也不是大成。

有些略知拱夾的初學者，論此命為：壬辰壬寅夾卯，可生財格——拱夾仍是暗用，不在天格層次，不能論為有成。

•食神：甲

甲木挺直、靜守，故壬水之食神溫厚。壬喜戊、戊喜甲，格成食神制殺頗吉。

壬日寅月

一、正月氣寒，宜先解凍用丙。壬水於正月，若無丙解凍，反有壬癸增寒，多主精冷尿遺——看似汪洋之象，實則為地表之寒雪、殘冰。

二、正月地心蘊陽，濕未升，天氣乾燥，又須防水無源而斷流，故要以庚發源。水之本性主動，應讓其動，不動者為死水——做事少手段。但又不能讓其過動而沖奔，故用戊。其提綱為：

第一層次之五行性喜好：

•解凍——丙——使其積極有為。

•發源——庚辛——辛使其有耐性，庚使其有手段。

●防止沖奔——戊——使其有所畏懼、知道界限。

第二層次因「強弱」所生吉凶：

●丙多——過燥——斷流——欲求難滿。
●庚辛多——源多而無流——阻塞、無出路。
●戊多——水固不留——心情憂悶而暴躁。

第三層次，解決強弱以「身強反制」為法：

●丙多——用壬庚。
●庚辛多——用甲丁、支有亥子。
●戊多——用甲壬。

關於第三層次，一般命書將其歸結為富貴之因，這是不太恰當的。而應歸結為彌補五行性缺失——能彌補五行之缺者，為人、為文周全。若問一生成敗，則仍以格局成敗而論。當前一些受徐樂吾等大師影響至深者，總弄不清這種「書房論命」和「實務論命」的區別：

●書房先生——論用神之有無、強弱而定富貴大小。

●實務論命——論用神是何形態而定如何富貴。

●兩者區別是：書房先生必要定出是否富貴及富貴大小，後者則是以吉凶過程直指人心。

三、例：

己巳　丙寅　壬辰　庚子

『攔江網』例。原文批曰：『惜戊不出干，富而不貴』。之所以如此批論，以其原文有「凡壬日無比肩羊刃者，不必用戊」，今此命子為陽刃，當用戊。但這個戊在地支有旺位，為何不可用？倘若以透出才能論用，則『攔江網』一書到處都是自相矛盾之處。鑒於此種現象，本書強調：

●十神法之論「用」，有「虛透」、「暗藏」、「透藏」、「三合」、「四見」五種基本樣式，五種又能變化而成幾十種。能決定一生成敗者，其最低條件即是虛透——總之要透出。至於三合、四見不直接參與天干生剋，卻有伴隨一生的實質吉凶。

a)財官印三連環，天格成——十神法論成敗之第一步。

b)地支月、日、時中食傷比劫，向財而不向官印，故富大於貴。以食財主私，官印主公——十神法論細節之第二步。

• 五行法論「用」，也是五種樣式變化而用。與五行法之不同在於對應人生含義不同。

此命：

a)初春丙解凍，庚發源——五行法論情志健全與否的第一步；

b)支帶陽刃半水局，當以戊止流——以尋查「五行性解決的好壞程度」而論第二層次的吉凶細節。

•傷官：乙

乙木柔弱，不堪壬水沖奔。乙傷官多則「傷災」幾率更大。

壬日卯月

一、二月已無寒氣，用丙不再優先考慮，但此時仍似寅月，要注意發源止流。止流用戊，是屬於隨身所喜——膀胱不閉則遺尿，水無岸堤則漫流。發源用庚辛、疏泄用甲木，兩者依形勢而論。

二、關於此月壬水，《造化，窮通》有云：「戊辛兩透，雁塔戊名」，此論與十神法有類似之處，十神法先以正印、食神為文章、學術，再與其餘十神配合來論文章、藝術的細節：

- 七殺——正印——文有膽。
- 七殺——食神——高精技術。
- 正官——正印——呆板條例。

●正官——食神——熟練業務。

五行法論文章、學術，是以五行性用神能彌補人性之缺——其文章是以人為本、立意周全、體查宇宙社會、能知物之精，能表事之理——通靈見性。

●兩者相比，正似「一個為框架、一個為精神實質」。

•正官：己

己土不足以剋制壬水，反有污水之嫌，故壬水之正官雖曰自製，實有不制反亂之象。

己喜丙，壬水專剋丙火——己土有不自量自討苦吃的感受。

壬日未月

一、六月火氣退，己土當權，水有斷流之患。斷流者，一為熱之蒸發，二為己土混雜壬水成泥。觀諸己身即可明瞭：

壬膀胱：

•己混——濕濁。

•丁熱——水穀不化而難下。

事體：

•濕濁——膠濁於不喜歡的環境中。

●水火不化——財源不清、名份不定。

故此月以金發水源，用甲木防土之濕濁。需要注意的是丑未二月用甲破土，須防濕寒、濕熱。

●丑月癸——濕寒——能腐甲木。

●未月丁——濕熱——能化甲木。

濕能裹挾寒熱，甲木遇此極難作為。於實務當中即是：未月透丁者已成病體，要多方下藥，用壬癸降溫，而後用甲——多用於調理健康。

二、命書常有「官多化煞」之論，如《造化，窮通》在此月論到：『一派己土，官化為煞』。讀者需要注意：十神法以官殺混雜時可用反制。五行法不論順用逆用，皆以過強取反制之法。兩者是文字上相同，而內涵不同——

●十神法：官殺混以順逆之法用：官殺混，制住七殺即可——指六親、官祿、事業。

●五行法：命中多數是人為之習慣性行為，一生之大環境——若能反制即是能反觀我之一生——以悟道、自省為美德。

三、例：

癸巳　己未　壬午　辛亥　朱希周，狀元。此命五十四歲時與他人政見不合，後辭官回鄉，林居三十年不再做官。

若以五行性而論：

➤ 地支一片火土，需用辛金發源、癸水降溫，只是甲不透。
➤ 辛發水源——有見識。
➤ 癸降溫——同僚、兄朋能助我自省自悟。
➤ 甲不透——出世欠高度。
➤ 時柱金水——晚年自由、隨性——調侯、喜用。

若以十神性而論：

➤ 天格官印劫——兩袖清風、正氣足存。

➤ 支局被沖——終有一改。

兩種論法比較：

• 以五行法能入人心，須要體認。十神法則能明瞭社會作為，更有客觀感受——前者只是自己能體會得來，十神法所示人生則是眾人皆見。

壬日丑月

一、十二月，己土濕寒，壬雖不旺，亦有餘氣，當先以丙火解凍調侯。調侯不單是調節日元生長所需氣侯，也是調節此時萬物生長之氣侯。故人命得調侯者：

●有「反觀」社會之能、有超越眾人之見識、開創新潮流——與我有關係的人也都能沾光、受益。

二、解凍之餘防濕太重，用甲木破開地氣，使光熱入地，則內外皆暖，病根可除——動陰宅、陽宅。

三、若壬多旺，則以戊防其氾濫。

四、「支成金局，不見丙丁，名金寒水冷，一世孤寒」——此論以五行性、十神性兩相比較又可見命理學「同詞異義」之一斑：

十神法以：

●印多為孤——清淨不與人來往之孤。
●比劫之孤——寡欲、少夫妻生活之孤——但有朋友。
●印多見比劫——孤家寡人，有自己的信仰，家庭生活寂寞。

五行法以：

●金水主冷主清、肅寒，主殺氣、收藏——不和氣、不主動近人之孤。

實務當中，給年輕人批命，最怕是「同詞異義」之交流，同是一個孤字，各人理解不同，當你說他性格清冷（五行性）時，對方卻可能理解為沒有朋友……

•七殺：戊

壬水正喜戊土，沖奔之水遇山方止。戊土七殺入命則一生有界限、不可逾越——女命有發自內心的滿足感。

陽干之七殺甲丙戊庚壬，分別為直執，事不關己，界限，限制，消滅。陰乾之七殺乙丁己辛癸，分別為曲折、專一親臨、模棱兩可、摧殘、消腐化。

壬日辰月

一、三月辰，用甲疏土乃為調侯定例，並不一定與日元有關，就如夏用水、冬用火一樣。調侯乃調節天地之氣。

二、三月土旺，有甲不單調侯，又能疏通河道，甲不得不用，用之又怕疏通太過而成細流。又宜庚發水源，則有來有去。

•戊旺無甲顯剛暴。

•甲旺無庚力不從心。

●庚旺而多則水自阻。

換做十神法：

●戊七殺無制——性暴。

●甲食神過多——技多不專。

●庚梟多——技無所出，密雲不雨。

十神法與五行性結合可直指人心：

●壬用戊——阻力感。

●壬用甲——耗身分神。

●壬用庚——密雲不雨。

三、例：

丙子　壬辰　壬申　乙巳　王剋敏命造。此例為徐樂吾《造化元鑰》例，原文批曰：『生於立夏前一日，丙火之氣已進。四月丙火司權，專取壬水比助，支戌水局大貴。以壬水為真神，今人學識未到而疑命之無驗者，此類是也』。

初學者讀到此種批語，多半是眼前一亮，會感歎：「哇，原來月令人元用神這樣用啊！我得好好背下人元司事用表，以前是白學了，這才是真子平！」

觀此例可知徐氏用了如下兩個思路：

- 先看月令何者司氣，以此而取五行性用神——現已不用這套。
- 有五行性用神則能大貴——有隱含前提。

《子平真詮》若論此造：

- 辰透乙傷，三合為比劫，當用財星，今財通時根，當有一貴。

「子平真詮」以格局順逆透藏為重點，徐氏以五行性為重點，但我們說徐氏兩個思路要特別注意：

1 五行性用神非是富貴前提，而為：有成之命以用五行性用神最佳。即是說：不是看「有五行性用神與否」來定「是否為成功命、失敗命」。而是先看是否是成功命，再看是不是能合於五行性需求。初學者並不瞭解徐氏論命前提，而以為論命必先以看是否有五行性用神而定成敗。提要：

1)成敗與否與「用神」是否被用好有關，而不是以看「是何用神」而決定是否有成。

2)成敗的方式、內容則與「是何種用神」、「如何使用用神」有關。

實務當中不會「論成敗」的初學者，會捨棄第一步論格之成敗，而直接從第二部論用神開始，也不是不可以。

2 關於徐氏第二點：「五行性用神得用則能大貴」，這一邏輯有必要從如下層次理解：

1)用神是否得用的標準是什麼，是以旺衰？順逆？還是刑沖回合？

2)一個干支得不得用，不光是八字本身決定，人之努力、遭遇也可影響。

3)沒有五行性用神的八字也能大貴，比比皆是。

4)同樣八字，不同歷史年代富貴不同，比如亂世用凶神，治世用善神。

5)我們說，一個人找到了合適的位置就能最大程度發揮命局影響。

若不體認上述幾點，很容易成為極端「命定論」，也就沒有必要算命了。只有承認這幾個基礎，算命的建議功能才能被提起。

王剋敏雖大貴，但卻終成民族罪人，為日本賣命。

己亥運（1936—1946）——

1937丁丑年投靠日本，1940庚寅年與汪精衛合流，1945乙酉年死於獄中。

若已知些許往事，則不難有如此印象：關鍵時刻能得貴人庇護，如段祺瑞、曹錕、張學良等人。在命理中，一個人如果關鍵時刻總獲貴人保護，則此人以後從業、選路等均要加倍注意「沖合」之影響：

正當1937年秋，此人來問：「是否宜於擔任新職」？實務中作如何解析？

➤此命流水局，一生善變通、無常性。干透丙，賴乙生坐巳回還轉運，命之樞機全在乙巳，今己亥運，雙沖時柱，當棄職、守成，不宜另有新圖。己亥運乃衝動樞機之運。

➤丁丑年三會水局，此人此年投靠日本，丙丁雙透——一意孤行奔往虛花之美（外財內劫），大敗開始之年！

壬日戌月

一、九月調侯用甲，通透時令之氣。若水被阻太過，又當發源用金。若水寒過盛，又當丙暖。

〇〇 戊戌 壬〇 甲辰 食制殺

二、與辰月不同者，辰月能三會水成「比劫局」或稱「流水局」，戌月則能成「財局」。

●辰月——外熱內寒——得地利之旺。

●戌月——外寒內熱——得天時之旺。

若論細節：

●辰——癸戊乙——劫殺傷——有口才而多是非。

●戌——丁戊辛——財殺印——文武雙全。

三、《三命通會》有「雜氣財官，不透要衝」，關於雜氣之論，我在《命理學教材第一級》中，將格局用神分為五種基本樣式：虛透、暗藏、天透地藏、三合、四見。其中關於暗藏一項又有五種變化，以火為例：

●寅——長生位。巳——祿位。午——旺位。未——餘氣位。戌——墓庫位。未戌統稱為雜氣。

其中之戌墓庫位，正如第一級教材所示：庫中之物名份不定、隱隱約約。於實務當中，壬生戌月，天干不透火，可論為青年時代有不為人知的異性紅顏。

一沖即會出事、為人所知，而不得不論名份。故有「不透要衝」之論。這種不透要衝不決定命之成敗，主要是論「吉凶過程」。

•正印：辛

發水源者，庚申發壬水源是指水從昆侖而來。辛酉發源是為金白水清。辛於壬水，生力不大，只助其清——身份象徵。

壬日酉月

一、八月酉雖為金，但生水之力不及申金，以申中有壬，乃水之「長生位」。酉名雖為母位，而實有滯塞流水之功。故此月不欲土再為堤截流，但可甲木疏通。

二、十干雖有隨身所喜，如壬喜戊——以八字之中有之為宜。若有，即是一生當中總能遇到能讓我從內心裡「滿足」的生活。若沒有，則隨環境變化、隨遇而安。實務當中論隨身所喜，如壬喜戊，可以轉化為十神而論：

戊於壬為女命七殺，乃夫星之偏——

➤及其婚姻擇偶方面，其天性是從「有魅力」、「能迷倒我」、「沒有合法身份也可以」的男性中優先著眼。

➤若八字中有，即是能調動此天性。若沒有，雖一生與此種男人無緣，但心中仍有些種擇偶標杆——善於自省、自修的人能體會的到這點。

三、壬水此月常有「金白水清」之論——對應文學、藝術。大體上以八字不毀掉此種「清澈」意境為好：

•十神法中以正印、食神主文學，酉、辛正為壬水之正印。

•五行法以酉金支藏單純，水有清盈靈動之象，人若得此，文學清名非常。但金寒水冷，也多有肅殺之氣。

•綜合可論為「文武雙全」，文才由印格論，武才由其五行性肅殺之氣質論。

世事也多如此——人在社會中的位置，有時候取決於其人才能，有時候取決於其人形象、氣質。

癸巳 己未 壬午 辛亥 朱希周，因皇帝喜歡他的名字而特意點為狀元。

辛酉 丁酉 壬辰 壬寅 探花，比肩護印。

庚午 乙酉 壬子 甲辰 翰林

•偏印：庚

庚深沉而硬、壬急流而柔，似各不相干而孤。

壬日申月

一、七月水生之地。於壬水而言，正為其源，水得源則其流遠。但不欲其氾濫，需用戊防其奔流之性。《造化，窮通》云：「單用戊官之戊，不用申金受病之戊」。此一句，道出命理學另一大核心——應用之法。其理如下：

•申中之戊被化為庚金又被化為壬水——順生而化——不但不阻水，反能強水。

•戊中之戊、戊受丁生、金被丁制——戊土堅牢。

同為用戊，為何區分申、戊之別——正是如上原因。以醫喻：

•白術可以袪濕，若用炙炒過的白術，其燥濕之力更大（炒：經過煙火而生土性）。

•又如治土病，丸藥力勝湯藥。丸藥類土，湯液類水故。

故若選擇職業，其努力方向即是要以務實類工作為好，務虛類工作少建功業。

•申——庚——印務虛。

•戌——丁——財務實。

二、八月酉金質寒而冷，其金寒涼剛銳，人得之，文武雙宜。七月申金則以偏印、比肩可論其勇武過人、體健、長壽。

•申有庚偏印主技術、技藝。

•申有壬比肩主四肢、體力——多主身體康健。

•庚能生壬，即是手腳上有「功」夫——工作中多涉體力活。

戊寅　庚申　壬辰　壬寅　撫院（類於今日司法行政），此命天格不傷比肩。

壬寅 戊申 壬辰 庚子 吏目（管理檔案之職），八十九歲時仍身體健康。

壬寅 戊申 壬辰 辛亥 王太傅。壽九十三。有關壽命健康，讀者可參考《命理學教材第一級》。

•比肩：壬

壬壬相見，氾濫無邊，若見丁則「不可收拾」——似流而不流。

壬日亥月

一、壬水於亥祿位，顯出本象。壬水旺則奔流，寒則遺禍它物，熱則自閉。今於亥月得寒水之冷，一則有奔流之情狀，二則衝動易傷它物。故此月當注意用戊為堤，不使沖奔傷物，又用丙解凍——水無火則不能氣而化之。

二、月令亥，乃建祿。《五言獨步》云：『建祿生提月，財官喜透天，不宜身再旺，惟喜茂財源』。《子平真詮》云：『建祿月劫，透官而逢財印，透財而逢食傷，建祿月劫格成』。如：

丙申 己亥 壬午 己酉 林魁副使。透官逢財。

乙卯 丁亥 壬寅 甲辰 黃希英運使。透財逢食傷。

三、五行法與十神法著眼點之不同在於：五行性用神能令人得天時、地利、人和，十神性用神能讓人在社會上把事辦好。換句話說：得天時、地利、人和之人若再能把事辦好豈不更好，即：

●提岸——戊為殺——喜食、印、傷。
●取暖——丙為財——喜官、食、傷。

壬申　辛亥　壬子　辛亥　八字無火，反有辛金助水性之寒流，乃任情任性之人，但天干雙清，仍有名聲，此為一僧人八字。

壬寅　辛亥　壬戌　辛亥　韓雍，歷任御史、提督。此命有火，但不透，內心仍為積極入世。八字印生比肩，四肢健壯，文武兩宜。文，因其正印透出。武，因火未透出調侯、劫旺多。

四、《造化，窮通》於此月壬水：『有丙無戊，商賈貿易之人。有戊無丙，氣象太寒，常遭跌失，不能聚財』。此論屬於「十神派大師」改寫的「五行法」訣法：

●丙——調侯——處世積極。

●丙財——無土則為流動之財——人去追財，故曰行商貿易。

●戊——約束性情——處世有度。

●戊殺——無火則只是有謀而無有成，且戊殺直接剋比劫——常損手足、多傷災。

•劫財：癸

癸為虹，壬為江河，癸水之依附性極強，可附萬物。癸對於壬，可以是壬水激發之水霧——很能迷惑人。

壬日子月

一、十一月水極旺之地。大雪冬至時，寒陰至極。五行上仍是以丙解凍取暖，戊土防水氾濫。

•十一月之子與十月之亥不同者：亥亥能自刑，子雖多不自斮——亥動子靜。

二、陽刃之中，以壬之陽刃子水為害較為低調、過程較為被動：

•甲——卯——不可違逆——先怒——先小人——呆板。

•丙——午——不可刺激——先喜——先君子——笑面虎。

●庚——酉——主動挑釁——先憂——先找事——打悲情牌。
●壬——子——困獸——先恐——不欲被逼迫——先厭煩。

三、子月壬水，《造化，窮通》論曰：『有戊無丙，處世有道而名利難享。有丙無戊，好謀無實』。此處，初學者要對「同詞異義」再做一次加深理解：

十神法：
●以右部十神——食傷、財——為利、為私——八字不見者，再有錢財，也是虛而無實，過眼雲煙。
●以左部十神——官殺、印——為名、為公——八字不見者，縱有名聲、地位，也難有權、有威。
●倘若八字中左右不平衡，即會名、利、公、私不平衡，不能全享。戊左——丙右。

五行法：
●以調候用神為頭腦、智商、眼界，以日元喜用為手段、方法、方向。兩者不能得到很好搭配，即會造成有謀無為、有為無謀等人生現象。

四、例：

壬子　壬子　壬子　甲辰　尚書，此命無火，戊亦不透。天格食神用比肩。若批的雅一些：

▼一任寒江向東流。

壬午　壬子　壬子　甲辰　當代人，大貴。此命水能泄木，支中午火不透，曾從事於航海、船舶、水電相關行業，與五行性用神取象相合——木火。

注意：

●凡命局賴一字轉機者——類似此種八字全賴甲木疏泄兼保存火氣——若從事與此字相關的行業，極能提升自己。

第十節　癸水

癸干論

質重——流動則輕盈、沉靜則死寂。

性煩躁——坐臥不安。

聲亮，體厚，迂直。

饑溺由己——任情任性、不耐饑飽。

無容涵蓄之量——易對世事厭倦，不太願意認同他人、他事。

得時從龍變化，失令伏櫪悲鳴。

能排難解紛，不能防奸察佞——和稀泥，不擅長於明辨是非。

●正財：丙

丙火太陽高懸，不生不滅，其正財不求自得（很好求得的意思）。

癸水一見丙火即有蒸發可能，需有幫助方能長久。

癸日巳月

一、癸水在天為雨露，在地為泉脈，在人身為腎足，在事主羅網迷茫，其情為潤，其性又躁。總之為柔弱、欲斷、似有似無之狀。故：

●總不離源——庚辛。於水而言，庚之於水為源，近似寒鐵凝露；辛之於水為源，乃心肺一呼一吸、同氣相應之津液布化。

●十干排列，庚辛緊隨而一連兩年兩運——癸之喜用，在時效上更長。

二、強弱不得中和，比如有一五行過多過旺而無制無化，若要彌補不得中和的缺陷，在五行法體系則是採用反制法：

•火多用壬。
•水多用戊。
•土多用甲。
•木多用庚。
•金多用丙。

反制之中若是反制之物無根，又要生助：

•火多用壬——庚辛。
•水多用戊——丙。
•土多用甲——壬。
•木多用庚——戊己。
•金多用丙——甲。

採用反制之法，乃是取其「超然」、「獨立」、「反觀」等知識分子認為可貴的情懷——「從道不從君」。可以說：

●五行法的核心是強弱之法。

●但十神法的核心不是強弱反制，而是社會、人倫關係的良性維護制約。如正官必須得到良性維護，因其為社會正氣；七殺必須得到有效制化，因其為社會不正之風。

初學者陷入強弱之論的一大原因，是沒有很好的區分五行性用神與十神性用神的區別。

三、書云：此月『財多不從，透癸者殘疾』。壬癸為腿足，甲乙為臂指，十干中此四干被傷，最宜身帶傷殘，主要是因為：

人身分為五大系統（非是醫學分法）：

●官殺——神經、控制系統——頭腦——甲乙、丙丁。

●財——消化系統——臟腑——戊己。

●食傷——生殖、代謝系統——七竅——丙丁、戊己。

●印——自保系統——皮肉——庚辛、戊己。

●比劫——運動系統——四肢——壬癸、甲乙。

人遇情急之時總是先開啟運動系統抵擋危險——遇到危險都是用手護頭，未有遇到危險先探頭的。若問如何得傷，一日反剋，二日正剋，三日相生——再帶些許沖刑。

反剋者：

•甲乙無根臨庚辛。

•壬癸無根臨戊己。

正剋者：

•壬癸無根丙丁重。

•甲乙無根戊己重。

相生者：

•壬癸無根甲乙重重。

•甲乙無根壬癸重重。

甲午　己巳　癸酉　甲寅　女命。此命雙腳殘疾（他人提供例），此為日元癸水。癸水不為日元時也能應驗。

戊戌 戊午 癸酉 壬戌 男，此命腦部發育有問題。

▼火土同旺、熬干癸水，不是足傷即損目力。

四、四月炎熱，癸水有蒸騰乾涸之危，以金發源為要，或辛或庚皆可。辛者為肺，在上佈化津液，一呼一吸、一來一往與腎水相通，相互生扶。庚者大腸在下，下不燥則水不失，亦不至有後顧之憂。

- 若金力不足，又可用壬劫相幫。
- 辛壬癸三者同氣相應、一損俱損。

●偏財：丁

癸丁均柔弱、不定，故此偏財不持久，不是因自己無毅力，就是因對方無誠信。

一般而言，五陰乾之互剋較五陽干要「專而持久」，但五陰乾內相對而言，癸剋丁較不持久。

癸日午月

一、五月丁火正旺，水已成汽。急需用：

●金發源、寒凝。

●並再見有形之水，使水不至消散。

二、此月財旺、殺旺，癸水又為至陰至弱，常被提及「從財從殺」。《淵海子平》論「棄命從財格」云：「假如乙日見辰戌丑未，財神極旺，乙木四柱無依，則捨而從之。其人平生懼內，為填房、贅繼之人。財者妻也，身無所依，倚妻成立，故為此論」。又云：「棄命從財，須要會財，棄命從殺，須要會殺。從財忌殺，從殺喜財，命逢根氣，命殞無猜」。從格有如下認取難點：

●何謂日元無根？

●從格是否須要順用逆用？三朋、雙清？答案是肯定的，如不能順用逆用，必要雙清、三朋（參考《十神訣法總錄》）。

丙戌 甲午 癸巳 丁巳 鴻臚卿（大約管理朝貢、給賜、宴請等事宜，有理財工作內容）。此造可論從財。但有伏吟，正偏財混，不甚清純。

有些初學者正是依據從格八字無調侯、日元之喜的事實來反對五行法之「調侯」、「喜用」的重要性。這實際上正是不懂五行法內涵而引起的：

他們的邏輯是：從格無調侯能大貴——不必調侯——故調侯不絕對。

●這種邏輯是將調侯與「富貴」相對應。而讀本書的學者如從第一頁看到這裡，自然不會困惑。調侯、日元喜用——過程性優先、而非直接針對人生成敗。

三、例：

己酉　庚午　癸巳　乙卯　黃嘉善。尚書。《三命通會》例。此命早年從文，中進士，後投筆從戎，歷任按察使、巡撫。

初學者可能會聽聞過「年時雙沖，根基一定空」這一訣法。此命年時沖剋，是否根基一空。何謂「根基」？應作如下理解：

➤ 年為祖先宮，年時雙沖，乃是不守祖業，未必是自己所有的「業」都空。古法三命以年為本，「門閥制度」是為此訣的時代依據：祖宗好則後世好、出身好則前途好，故年之祖先宮不可被沖。這裡所說不守祖業也不完全絕對，確切說是晚年心境大不同於少年時代。

•食神：乙

癸水有依附性，對於乙木而言，正如草花之露水，吉與不吉全在乙木是否有祿旺之根，無旺根者，正是「重露繁霜壓纖枝」。於癸而言，乙木正好顯出其身之柔美。

癸日卯月

一、二月，不溫不火，不冷不熱。宜以：

•金為隨身所喜。有金者，有精神歸宿。無金者，雖有所為，但孤。

但須注意，吉凶生於數，數乃強弱。強弱越是極端，吉凶越是明顯。如不見庚辛，而「支成木局，月時現木者，為泄水太過，主貧困多災」。此乃《造化，窮通》所論：

戊〇 乙卯 癸〇 甲寅

癸〇 乙卯 癸〇 甲寅

戊〇 乙卯 癸〇 乙卯

癸〇 乙卯 癸〇 乙卯 此一格式有可能成格。前三者難以論貴。

二、此月月令食神。十神法中，以正印、食神均主文學，不同者：

•印主內——從外向內構思。

•食主外——由內向外展示。

綜合五行性而論其情狀：

•金印——金白水清——清冷、專一、有些許自閉。

•木食——水木清華——儒雅、慈善、滋潤。

三、例：

丙寅 辛卯 癸亥 丙辰 男，此命巨富。

以十神法論：

➤ 兩財合一留一，顯專一之象（命理學謂之「清」）。

➤ 日元之支半合食則能轉向財，若不合則是指中年期間並不直接理財。

➤ 八字團結向財，無多餘氣勢。

四、癸柔緩，而乙木曲折，若成單食格，則一生多忙碌、多費力，但人緣佳，好善樂施。

癸〇　乙卯　癸〇　癸〇

•傷官：甲

癸於甲而言，是「無可奈何」的心情，因其參天、挺直，自己只能緩慢深入其內心，不能很快顯出「控制」對方的功效——只是在長久、有耐力的情況下才顯作為。

癸喜庚，甲也喜庚，有庚則雙方受益。

癸日寅月

一、正月氣寒。調侯用丙。用丙又須顧及過燥而使癸水蒸發——再須配金，金能凝水、能生水，其提綱為：

- •丙——暖——萬物可增速生長。
- •庚辛——發水源。
- •多丙——過燥——力不從心、體弱。
- •無庚辛——無源——不能持久。

二、例：

庚申 戊寅 癸卯 辛酉 河北名醫張錫純，1860年。此命若以《子平真詮》而論：

➤ 傷官格，用印。但印過旺，不宜再有正官來生，故不貴——不會被認為是好命。

「真詮」大體上是以四品以上為好命，本書則以事業有成為好命，可批論如下：

➤ 天格正官透出，再出印綬護官，天格有成，應為有成之人。

此上所論都屬十神法範疇——也因不同標準而對命之好壞評判不同。本書論此命為「有成」。今舉此例，並非對比《子平真詮》與本書用格差異，而是要說明五行性用神的神奇之處——此命生於寅月，有戊透，燥像已顯，當用金「凝發水源」，又庚辛者乃癸隨身所喜。此命得五行性喜用。其神奇之處——五行性用神可助人選擇「最能顯出成就、最能得心應手的行業、職業」，甚至是「最能助其人以成功之物品」也能應驗。張錫純一生善用生石膏、山藥、天花粉——皆為入肺之藥——辛金類象，常能一兩味藥而在早晚之間治人重疾。

a) 生石膏：色白，入肺經，性涼。

b) 山藥：色白，入肺經，液濃益腎。

c) 天花粉：色白，性涼，入肺經，清火生津。

此三者均為金象。與癸水用金發源之理相同。在中醫而言，癸和辛之關係，即腎與肺的關係有如下要點：

a)辛肺癸腎相生——肺受諸臟之火相逼，須時時以腎水相濟。

b)癸腎非辛肺不生——辛酉在上，肅涼之氣下降，佈化津液，助腎吐納。

c)中醫中，常有治腎必先治肺，治肺必先治腎之說。

今張錫純八字，金發水源且金旺，一生以「白虎湯」、「一味山藥湯」治諸多難症。

此命不好之處：庚辛雜亂不純，在十神而言即是正偏印混。凡格混者皆可論其術業多兼——張氏乃中西醫匯通派代表人物，中西醫結合的奠基人。但地支沖，其中西結合之事不了了之，雖身懷絕技，亦無法兼顧。

今介紹張錫純治感冒一法為讀者備用：凡感冒發燒者，可常備兩藥：一者阿司匹林，一者小柴胡沖劑。凡覺身體四肢酸痛、頭痛者（不一定發熱）可立即服用小柴胡湯，多吃熱飯後靜臥捂汗。若有發熱跡象，可單用阿司匹林（泡騰片），溫水化開，服用後多喝熱水（熱粥最佳），捂被出汗，汗出即好。不必上醫院動輒千元去掛瓶。

三、癸喜庚，在十神法以傷官佩印為佳。

〇〇 〇寅 癸〇 庚〇 寅月大體須得見火則不寒，但火多則水蒸發，故八字以傷官用財帶印為優。

庚〇 〇寅 癸〇 丙〇 財印須分開。

•正官：戊

五合之中，以戊癸合最為完美。這種完美，一是因為癸能從萬物而依附；二是戊癸合火生戊——癸以捨棄自己立場而成就有美好結局——癸不可得祿旺之根，否則，堅持己見而不化，還相當消耗精力。

癸日辰月

一、三月辰，調侯用甲，疏土通氣之用。癸不離庚辛，乃自身所喜、兼發水源。五行法即以此兩點為提綱而開演：

•無甲——內外、表裡不一。

•甲重——耗散精神。

•無庚辛——孤，常自哀怨。

•庚辛重——身不由己。

•有與無是一回事，多與少又是另外一回事。例如治病用藥，分量適當可速效而愈，過量反有副作用。

二、此月為人重視者，即是辰為身庫或云比劫之庫。在占卜學中，入庫之物有則如無，必待衝破才行。命理學中有類似「不透要衝」之理。實際上，命理學中庫中之物仍是有用，只是不明顯而已。如辰中有癸，論為比肩，可論年輕時候有無名份的兄弟，一旦逢沖，即是為人所知——不但辰中，戌中也是。己於丑未同。

辛丑　己丑　己未　丙寅　男。此人從小過繼給別人，與異性姊妹相處。此命之比肩在地支丑未中均有，天干也透出。

三、《造化，窮通》云：『三月癸水，從化者多，得化者榮祿，不化者平常』。《滴天髓》有「逢龍則化」。龍即是辰。其實，所謂「逢龍則化」是指：年月天干合化的五行一定是於辰月辰時之天干出現，如甲己年日的辰月辰時一定戊辰——甲己化土。即：

- 甲己化土——戊土——戊辰月時。
- 乙庚化金——庚金——庚辰月時。
- 丙辛化水——壬水——壬辰月時。
- 丁壬化木——甲木——甲辰月時。
- 戊癸化火——丙火——丙辰月時。

這個「逢龍則化」實際上就是「五虎遁月」、「五鼠遁時」的總綱。並不用於八字之中的合化格局認定。大體上這些說法來自《淵海子平》，云：『論化之格，化之真者，名公巨卿，化之假者。孤兒異性，逢龍即變化，飛龍在天，利見大人』。後世學者極有可能以見辰則能合化來論，頗待商榷。

丁丑　甲辰　己丑　戊辰　男，甲己合又見辰。此造地支全土，天干有生，甲被己合，還可論為甲己化土。此命出身一般，後事業成功而富。

癸巳　甲子　己卯　戊辰　男，甲己合又見辰。出身一般，小學畢業，普通職員，此命子卯坐於月日，豈能化土。

癸日戌月

一、九月同三月，調候用甲，使內外平衡。初學者可能會困惑：辰戌本氣為戊，於十神法為正官，而甲又為傷官，似乎正合「傷官見官，為禍百端」①之論。關於這一點困惑前文已多次提及，今又從以下幾點對比理解：

- 五行法：辰戌用甲——調候——使內外寒熱通透——改善風水、地理。
- 十神法：戊正官忌見甲傷官剋——十神格局順逆——為人、做事程序不對，不利六親事業。

命理實務中，當使五行法與十神法結合，如此則自然之福與社會之福均沾。即：

- 甲傷官透出，勿使戊官透出，若戊也透出，再有印、財則也無妨。
- 倘若五行法與十神法無法統一，則是在人性、健康與作為之間取捨。

---

① "傷官見官"：原意為：月令傷官本氣，宜用財印，而不宜用正官。

人生在世，對於時時刻刻縈繞身邊的成敗、榮辱、喜怒、財祿是感受最深的。但對於我是如何活的、我是怎樣做事、想事的？這類問題卻未必能體會得到，而這正是十神法與五行法兩者層次性的區別，舉一個例子：人對於戀愛和結婚的評價——

若用十神法：媳婦漂亮、有錢、人緣好，家庭和睦，生了個俊寶寶——這似乎是一個男的好婚姻的標準。

若用五行法：媳婦為自己帶來了不同於以往的新生活方式，讓我不再感到六親的無情，日常生活當中這種夫妻生活無形改善了我看待以往問題的方式——這些似乎是五行性用神要起的作用。

二、為防土燥天涼而水涸，當以辛金發水。但要注意的是：癸是十干當中最柔弱之物，若無根旺之支，或無比肩幫助，一般很難經得起生扶。癸水不旺時：

- 金多——滯阻。
- 木多——耗散。
- 火多——蒸發。
- 燥土多——合化、依附。
- 濕土多——和稀泥。

所謂經不起生扶，不是說不能富貴，而是說：其人多傷、多災、多困、多苦、多不自在。

三、例：

癸丑 壬戌 癸巳 戊午 女命，1973年。此命於己未大運（1999—2009年）——戊子年被人追求，成婚外情。戊午大運（2009—2019年）——癸巳年年底與婚外戀人分手。不論婚內還是婚外，均是感到渾身不適，常年分居。因癸有根、不與戊合化故。

▼倘若癸日元無根無明干比劫，則易順戊土而從化。表現在婚姻上即是有得力丈夫，婚姻上堅定信念，不胡來、不任性。

▼今此命支有丑土透癸，雖癸日柔弱而不與戊土合化。表現在婚姻上即是有私心，不心甘情願聽丈夫的。

•七殺：己

不單是癸，即使其它八干對於己土，也多不喜歡。水土混雜，癸己成泥，癸水不得全入其體，同時己土也自失其身，互相耽擱。

因癸入己中，而又能見癸——相互滲透、不知所措。

癸日未月

一、六月濕熱，仍用庚辛發源，也為隨身所喜，只是考慮火多焚金，又用比劫幫助。

二、癸水四季調侯與十干喜用的使用比較簡單，大體上不離金生為好，比較難得是：癸水至柔，常處於或從或化之間。

三、《造化，窮通》將未月分上下各半月，前半月火旺，金未得氣，用金必須有水再去剋火扶金，下半月金氣進，可不用水護——也以此笑話一般人算不準命是不知此理——關於此理，我再做一個解釋：

•用金乃發水源，用壬癸乃調侯——用於調節五行性——不針對是否富貴、是否成功。

•從十神法角度講：用印（庚辛）時，是以印是否被合化、是否「順逆得用」來衡量有效與否——可以比肩保護印綬，可用官殺來生印綬。

乙酉　癸未　癸未　庚申　辛輔。《造化，窮通》例。原文批曰：『生上半月，庚金得用。辛輔』。其批導思路即是：此命生上半月，火還正旺，用庚生水須再有比劫保護，今此命再透一癸，故大貴。

➤以十神法所示論：天格印用比護，又生食，天格成——已有富貴前提。

己未　辛未　癸未　丙辰　又一例，原文批曰：『上半月，庚辛尚弱，知州』。其思路是：上半月用金生水，要再見水，今此命不透水比劫，所以不如上造顯貴，只為知州。

➤初學者若看《造化，窮通》通讀此二造的原文批導，不難察覺其中有個邏輯——「用金見水所以大貴，用金未見水所以小貴」——倘若讀者深陷此中，將無「出頭之日」。

癸日丑月

一、十二月，寒極成冰，癸水自身亦不能舒展，萬物凝縮。應先以丙取暖。

二、癸水有至強依附性格，不論身強身弱，只要八字不犯沖刑，其人總較溫和順從。

- 癸水因其清清柔柔之水性，總喜有金為源——癸水無金者，總在懷疑「人生有何意義」？
- 癸水不喜模棱兩可之物，如己土，己為濕土，有水陰之性，癸水遇此則手足無措、不識對錯——正所謂水土混雜人必愚。
- 戊土稍好，戊為燥土，火土一體。
- 對於甲——依附、入身、甘願隨從、姑息。
- 對於乙——互相欣賞、互有好感、又各不失自我。
- 對於丙——無自由、心虛。
- 對於丁——不怒自威、盡顯曲折蕩漾之情態。

三、《造化，窮通》云：『一派癸水會黨，年干出丁名雪夜燈光，夜生富貴』。

丁丑　癸丑　癸亥　癸丑　鄭樞密。此命若言調侯，其丁並無此力，調侯用丙較為得力。或者有人說這個八字是「潤下格」，年干之丁被剋而不妨格局。

➤ 實務中，類似此種天干三朋、雙清者，可以考慮從格——從格亦要有特殊格式。

➤ 水滅丁火，宜武職。

四、有關冬月之水，《造化，窮通》論曰：『支成木局，泄水太過，主孤病呻吟』。《三命通會》論曰：『三冬之水，遇木，水寒木凍，俱無生意，貧夭無疑』。

●此是傷官無制，傷多則主傷災。十二月寒凍，無生發之情，更與傷官合會，更顯淒涼多災。

•正印：庚

癸喜庚——寒鐵凝露。
癸太多，庚金無力去生——水多金沉。
庚兼貴人與喜用於一身——吉。

癸日申月

一、七月申令，壬水生，癸水死——陰死陽生，陰生陽死。此月之申中庚雖也為金，能發水源，但其發者多係壬水、動水。癸水就其體象而言，只要辛存不破即能安定。因癸水乃靜水，或為露，或為譚，有水之來，有水之去，保持清淨即好。故《格物至言》云：「癸，陰水，河澗川澤也，偏喜冷源導流，喜乙木吐氣」——金為源，木為導。

•辛、酉——同氣相應——相互關照。
•庚、申——過急。但可裹挾、又能供其依附。
•乙、卯——顯其滋潤之情。

二、五行之中，水主流動；十干之中，壬癸屬水。相比其餘八干，壬癸皆主流動，壬與癸相比，壬動癸靜——「陰陽」乃相對相比而生。

三、此月火退，並無特殊需要氣候調節之處。只要保持癸水「有來有去」之性即可：

- 火多剋金破其源——用水。
- 金多水滯——支存祿旺增強自身活力。
- 土多掩水——用木疏導。

四、五行性之所論用神，講求維持十干本身天性，如論『戊癸化火』：化得成者可論「巨富公卿」，但五行法最不欲癸戊相混，因癸水清清柔柔，若見戊土，則現出火土氣象——老而濁。合化成功還好，合不成功，反利令智昏——五陽干皆合財，五陰乾皆合官。合不化者：

- 甲日——己——虧信。
- 乙日——庚——弄權。
- 丙日——辛——縱欲。

•丁日——壬——多情，行兇弄險。
•戊日——癸——貪吝。
•己日——甲——不辨是非。
•庚日——乙——少修養，不義。
•辛日——丙——戲弄，不認真。
•壬日——丁——不知足。

五、例

己巳　壬申　癸卯　癸亥 (1929.8.26)男。先以五行法批論：

➢此命天干三水，己土有混泥之像——不分是非。注意：此論是僅以天干五行性所論，是一生蓋棺之時外人對他的評價。

➢若是論自己人對他的評價、印象則要多從地支而論。地支月令申、日坐卯——正是有來有去——有精神追求、有發明創造、乃靈活變通、不拘於事、物之人。

再以十神法而論：

➤ 外：天格殺無制，比劫混雜——剋兄弟，一生貧困，無成之人。

➤ 內：月正印，日食神，頗能為文。

➤ 細節：日時半會食傷——有妨子女。年上殺坐財——出生於有點家底的沒落家庭。

此命實際情況：小時候家中給予良好教育，年輕時被閻錫山抓去當兵，於一次戰鬥中逃回河北老家，解放後做過小學教員，晚年搞算命，賣卦書，教人算命，能自編教材。家中一子一女，女兒偏癱在家，未嫁。

2010年，他八十一歲時多與我一同擺攤賣卦書。記得有次是星期六早上，我倆同在一塊擺攤，他遠遠看見有兩個穿警察衣服的人走過來，就趕緊用布將自己的書遮起來——實際上我經常在書市擺攤，根本就無所謂這些，他這種舉動只會招人嫌疑——我也突然悟得他天干比劫直接見殺——不能與他作朋為伴、必遭殃及——他那舉動無疑很容易招惹事非，旺小人的舉動——看見警察就跑、不逮你逮誰。

•偏印：辛

癸喜辛，乃相互呼應之喜。辛金質銳、韌——動靜不如庚大，但應驗迅速。
癸喜辛，是五行性之喜。辛在十神為偏印，給人以封閉、偏執的感覺——雖喜，卻也受制。

癸日酉月

一、八月金白水清，氣溫適宜，在氣候上是無過無不及——或引或導或安於現狀皆可：

•引——火——引其積極入世。
•導——木——導其有所創造。
•安於現實——金水——作好本職、注重穩定。

或引或導之時，注意量變質變之關係：

•火過多——蒸發——勞力。勞神。勞形。

●木過多——被吸收——功效緩慢——意志恐不能堅定。

●金過多——不能跳出當前——滯於當下。

二、有二例頗像：

辛酉　丙申　癸酉　辛酉　貧僧

庚辰　乙酉　癸卯　庚申　孔祥熙

從天格上看：兩造均為雙印合一留一。不同者：一留正印，一留偏印。更不同者：

時申與時酉截然不同：

●酉——辛——偏印——單純，格無扶助。

●申——戊——正官；庚——正印；壬——劫財——互有生護。

●酉酉自刑在居家過日子——自閉、誤會。

●酉酉自刑在工作、職業——適合司法行政等，不適合生養維護。

●癸之於酉多——宜安靜類型的生活、事業——適合追求精神成功。

●癸之於申多——申藏戊庚壬——為左部十神——適合入世。

又有兩造：

庚午　乙酉　癸酉　庚申　丁丞相

辛酉　丙申　癸酉　庚申　陳侍郎

從此四造對比，讀者可能感覺對於癸水而言，庚金優於辛金。我們說：在不論富貴等級成敗利害的前提下，十干喜忌又可映射做事方式，學命之人當超越這些俗事中的框框架架：

•酉——單一，清冷——喜安靜。

•酉酉自刑——適合「反反復復思考人生」式的修行生活。

•申酉半會——能思考亦能行動，文武雙宜。

三、《命理學教材第一級》例：

壬戌　己酉　癸卯　癸丑　女命。

以十神法論：

▼一殺清透無制——人緣不佳，剋姊妹，常有不願做的事。

▼月梟剋日食——以沖論，婚前生活、婚後的生活截然不同，不宜與父母同居。以梟食含義又論：與父母同居時，家庭生活索然無味（偏印），婚後生活充滿樂趣（食神）。

以五行法論：

▼己土混水——一生滯塞，無明朗局面。

▼月日金木，癸水有來有去——先被動接受，後自己開創局面。

歲運：丙午運——庚寅、辛卯兩年——工作中晉一級、漲一級工資。

▼獨殺喜印食比劫運：庚辛為癸日元之喜——庚年感覺好事「突如其來」，辛年感覺好事「過程上順遂」、好事來的理所應當（五行性）。

四、金為石，癸日酉月夜生，正合「明月松間照，清泉石上流」之意境。論命時，若能文辭優美，意境雅高，無疑能讓人產生美好人生憧憬。

五、癸水從內心講是隨遇而安派，很想也很容易就能適應環境。

●比肩：癸

癸即使對癸也是有依附性——相互抱團而成汪洋湖泊——緩慢而成氣候。

癸日子月

一、十一月，太陽最低，一年中極陰之時，須用丙解凍，而辛庚之金又隨身不離。若只有金，則也「金沉水寒」，無相生之意。有火而無金，雖解凍，而水亦不活。

●無火——水不溫。

●無金——水不活。

大體上：人生在世，人溫而活，辦事為人都會較受人歡迎。出世修行的，反宜絕塵離俗，越少與人打交道越好。

二、例：

己丑　丙子　癸未　壬戌　男命。此命丙火解凍，但於支中無有生旺之根，天干又有壬剋，當分如下層次而言：

➤從一生命運層看，丙透出，有土保護，可惜是陰土己，稍不如意。好在時支含火，不至於陰鬱到老。

➤從具體事項看：丙為正財，可論為妻、財。天干明剋，支下坐比劫又半會，可論為妻子婚前有過與其他男人的婚姻或親密交往。

➤從五行性講：丙調侯，若從事與火相關職業、事業，當能很大程度上提高人生境界。

若要論丙火被壬剋是否有用，那當然是有用，只不過是大是小的問題，而不是有與無的問題。

•劫財：壬

癸與壬之不同即是癸水靜、壬水動。於癸：動能挾靜，在隨波逐流中浪蕩。於壬：浪蕩中勢力越來越大。

癸日亥月

一、十月亥令，癸水旺位。時值初凍，天氣寒。宜用丙火解凍，以庚辛活源，大體上三冬之癸：

- •宜火溫——調侯——還可生助別人——過重則自鎖手腳。
- •有火時宜金生——精神、物質兩協調。
- •無火時不宜金局、金重——合則凝滯，沖則奔流——自生自滅，不近人間煙火。
- •有火而逢土——能防氾濫之災——入世、近名利。
- •無火而逢土——多傷、多災、傷六親。
- •有火逢木——智巧多欲。
- •無火逢木——水無生機、多勞少成。

換做十神法：

●財——能使人現實，能使人願意去為名利奮鬥——火。

●官殺財——一旦涉及官殺，即是要近名利，不甘平庸——火土。

●財印——印主精神、清名、務虛。財主利欲、實惠、務實——火金。

●官殺——剋比肩劫財——傷手足、兄弟姐妹——土。

二、取象於人身：癸為腎。大體不宜過熱、過寒，有生而無泄。

●過熱——丙丁——爍干津液——早衰。

●過寒——子丑癸——水不得氣化——沒有動力。

●有生無泄——時時注意用金。

此三法與醫同理：

●腎冷，不能溫化大腸——冷秘（便秘一種）。

●腎熱燥，不能潤腸——燥秘（便秘另一種）。

●金水相脫，肺、腎不能相應吐納——稍有冷熱則兩者俱病（如肺癆）。

我們平日常見的：

●六味地黃丸即是補腎中之水——治火燥、陰虛火旺（地黃、山茱萸肉、山藥、丹皮、澤瀉、茯苓）。

●子母兩富湯——治肺燥，口有白沫、咳帶血——治肺腎兩虛（熟地、麥冬）。

●開閉湯——治腎冰而腸涼，便秘（白術、巴戟天、熟地、附子、山茱萸）。

三、例：

癸亥 癸亥 癸亥 癸亥 1983年，男命五行法論之：

➤無火、四柱全水，「低調寒冷」之人。

➤純水，天干全癸，地支全壬甲，在外顯出癸水象，在內顯出壬水象。癸水象即是本章頭前「癸干論」部分。壬水象參看壬水章題頭。

➤此命雖水旺，但此人腎衰——《命理學教材第一級》論疾病大三原則之一「過旺為病根」。

十神法論之：

➤四比肩，四柱強健，個子高大。

➤支四劫財，相處久了即知此人性燥、自尊極強。

➤支中四傷官，多動。

➤四支帶刑，身強體好，常多受傷。

可能有人論此命為潤下格，當為大貴，實質此人為體院畢業，現為體育教師。若此人當兵，或能有貴。因無火調侯宜武職。此人實際情況：

臉色黑——水象黑。

高個、體壯、但略微有些水蛇腰——曲柔之象。

愛抽煙，但從不知煙味——調侯用火而無火。

說話聲柔而有力。

體健。

第二章　口訣

「訣」。口訣、訣法、訣咒……這些詞一旦上口，於普通百姓而言即會有一種「搞定」的心理預期。而「口訣」一詞也是被喜歡翻閱小說、演義的人熟知——似乎是江湖之中、情急之下，「管用」的代名詞——只要一念口訣，這事情似乎就能辦妥。《西遊記》中孫悟空會念避火訣，能在八卦爐中坐於巽位火燒不死；《湯頭歌》又被稱為「湯頭歌訣」：『大青龍用桂麻黃，杏草石膏姜棗藏，解肌發表調營衛，表虛自汗正宜用』，這首歌訣能讓醫者很快記住大青龍湯的組成、功效。《乘法口訣》三七二十一，九九八十一……更是學習算法的必背。命理學中，「傷官見官，為禍百端」、「財多身弱，富屋貧人」等則是連不會算命的人士也敬畏三分的格局用訣。

本書對於口訣的定義，是立足於「體系性」法理——十神法、五行法、鎖碼法——每一口訣實際都有相應命理體系，並不是單單一個口訣、一句話的問題。在循序漸進的原則下，二級教材本章的口訣，使用三種體系：

- 十神法。
- 五行法。
- 鎖碼法。

路。

不是說本書介紹的即是全面性的口訣——只是給讀者一種印象，為更高一級進修、學習鋪路。

書云：「除卻子平真妙訣，閑文千卷只為風」。我願與所有有志於此的同道共同探尋「子平之真妙訣」！

第一節　父母、家業

父：偏財
母：正印

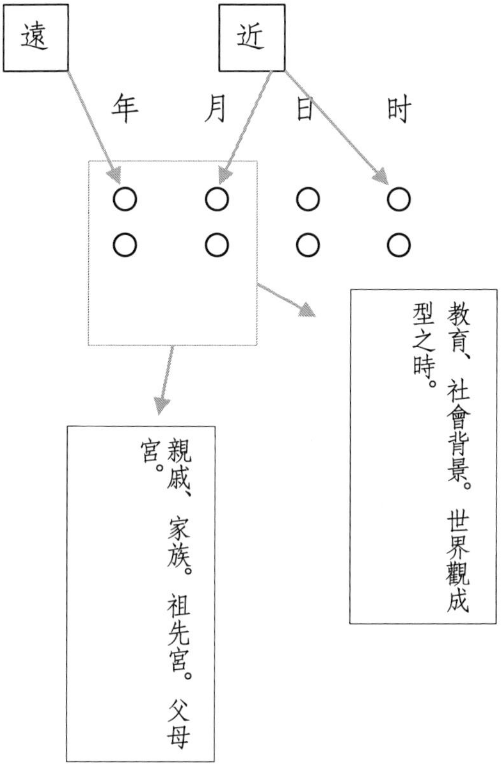

印綬多，母眾，或食眾乳，或寄養人家。

類此而推：

- 年月財多、不見反剋者——父親兄弟多（混雜）。
- 年月比劫多、不見反剋者——兄朋多（混雜）
- 月日時財多——男命婚姻波折多（混雜）

坤：
丁亥　丁未　辛卯　丁酉　丈夫兄弟多。

以上所論須以「身強」方能有驗。

又可以此類推：

- 年月財多見印——母可能有外情。
- 年月印多見財——父可能有外情。
- 比劫多見財——妻經歷廣。

有初學者以為：有兩個印就是兩個母親！命理學所謂的「多」，不是一物數量之多，而是一物被多處分散，如以「財」論：

八字一個財，即是在財上專一。兩個財，即是將財分作兩路，或是財從兩路而來，與錢多錢少無關。

財太多而父凶——需七殺帶刑。八字安靜者不驗。

乾造：癸酉 癸亥 己丑 乙亥 未滿周歲，父母俱亡。
1)癸酉癸亥夾出戌，丑戌刑。
2)地支三支有財，天干又透，可論財過多。
3)年月帶刑（丑戌）。
4)七殺無制——殺無制再帶財，則財亦能生凶。

《淵海子平》論曰：『印綬被傷，剋父母。官殺混雜，剋父母。財多身弱，剋父母』。又論曰：『凡小兒命，見財多，必庶出螟蛉，剋父母也；若幼年行運於財旺之鄉亦然』。

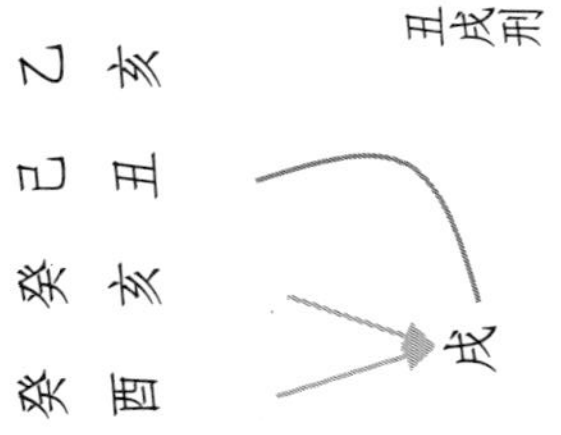

印多，尤其月令帶印，第一運又行印運，父母多災。

乾造 壬辰 戊申 癸卯 庚申 第一運己酉運，庚子年喪父

本命太歲辰、月申、流年子三合水，若全面批論：

●三合比劫——年上正官、食神變為比劫，有少失管護之象。

●印坐三合比劫——隨母而嫁、寄養他家、生母變成他人之母（母改嫁）。

●第一運己酉雙沖日柱——此為流離失所、居家不定之象。

綜合這三項，若要斷發生什麼事情，則可以如上列舉而論，具體到此人，則是由喪父造成的，或者由此造成了喪父。此年喪父只是流年之凶的一個具體現象而已。

但若由此而推：「財旺財多者，第一運財，父凶」在古代不甚靈驗。主要是因為印可以指母，也可以指廣義的父母恩惠，另外就古時的社會狀況而言，一父可以多母，而一母多父的事很少找。現今社會反倒可以如此推論。

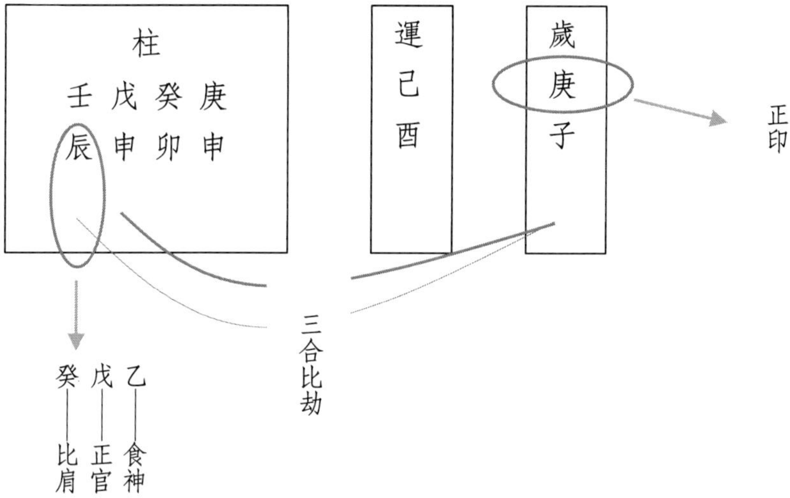
柱
壬 戊 癸 庚
辰 申 卯 申
運
己
酉
歲
庚
子
正印
三合比劫
癸—比肩
戊—正官
乙—食神

乾造 壬辰 丁未 甲寅 乙亥 第一步戊申運，庚子年喪母

本命太歲辰、大運申、流年子三合水局，詳論之：

●本命地支四見木局、天干丁壬合、地支、天干所有水印均化為比劫，此即妨母之一種。所謂妨母，並非一定指母親早喪。早喪母親只是一種具體情況而已。八字相同，其吉凶也是會因人而異——比如此運可能有姨、舅有災、求學、離家。

●三合水印——年上戊土偏財又一次合化，此年合化為印。偏財化印者有父再取、父喪偶、父親承擔母親責任等等類象。

●庚殺坐三合印——七殺為外婆，外婆坐母親局，多有外婆喪子、外婆再得子女之象（以外婆的年齡恐怕是再很難生了，但有此理在），比如舅舅出事、母親出事。

●第一運戊申與日柱雙沖，流動不安之象。

此年喪母只是表像，實質吉凶則以上述邏輯而推。智者察因，愚者求果。

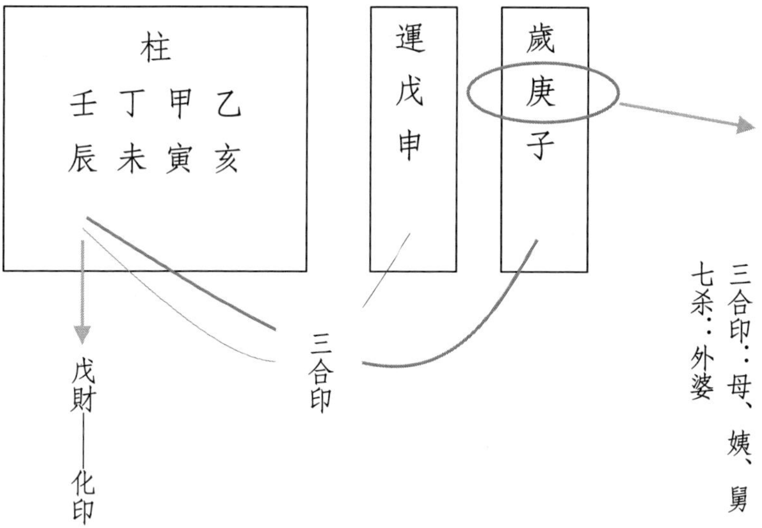
柱
壬 丁 甲 乙
辰 未 寅 亥
運
戊
申
歲
庚
子
外婆
戊財——化印
三合印
三合印：母、姨、舅
七杀：外婆

印比同旺而父凶——需帶刑。八字安靜者不驗。

坤造 甲辰 乙亥 甲子 丁卯 七歲庚戌年喪父

•印比同旺，約有如下含義：

印多——母親家族人口多（但天干不透，此論當謹慎。一般要達到一透二，二透一更驗）。比劫旺——自己姊妹多。此兩者結合在一起卻未必有母家人口多、自己也姊妹多的含義。不能如此相加而論，而應具體看是何種格式：

1 印虛透坐比劫一片者——母操勞、體弱。

2 比劫虛透坐一片印綬者——少孤，多傷災。

3 總之以天透地藏為中正之象。

此命，不論人口多寡，總可論為青少年時，父不濟事，自己多依外戚、姊妹。

●庚戌年雙沖年柱，又偏財帶沖——凡星宮同應者，必有變化——可論父親有變故。注意：七歲時一定是與年柱天剋地沖。推流年時，年月兩柱可統論為父母之宮，也可論為「比我年長人」之宮。

所謂星宮同應是指：宮位、相關十神均逢刑、沖、會、合、害。

●推而廣之：男命比劫食傷旺妨子；食財旺妨母；財殺旺妨兄朋；殺印旺妨祖孫，難能三世同堂……再結合宮位而斷。

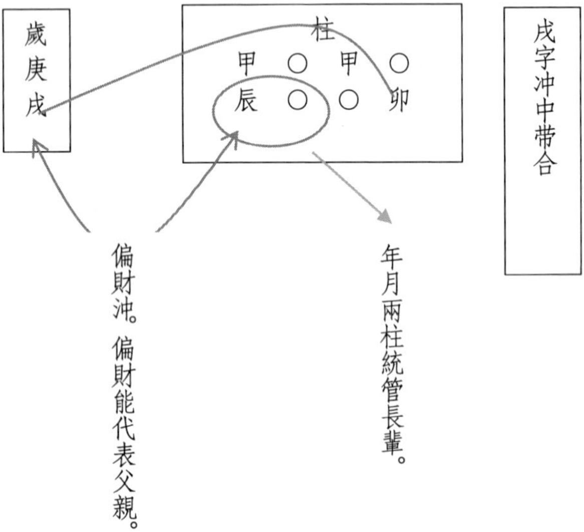

正偏財坐合，剋父母。

乾造 丙申 壬辰 癸卯 丁巳 七歲壬寅年喪父

此訣有如下含義和用法：

- 正偏財坐合——或者父親姊妹多，或者母親再嫁，或者認乾爹……以此類推。這其中差異就是吉凶程度加減而已。具體的吉凶程度取決於現實。
- 八字中出現類似格式，一般不利父親。若是流年湊齊正偏財坐合，一般多是母親直接有災（比如生病）。
- 此命剋父的另一大原因是：天干水剋火（火為財），沒有回護餘地。

《淵海子平 運晦詩訣》中提到：「劫財羊刃兩頭居，外面光華內本虛。官殺兩頭俱不出，少年夭折實嗟籲」。《淵海子平 心鏡歌》提到：「刃神劫煞兩頭居，早歲夢天衢。」《窮通寶鑑 攔江網 月談賦》提到：「七煞掛兩頭，東野到老無後」——均指十神正偏混雜。

此例喪父，當然也就是母親不順，剋父即是剋母，不分彼此。因此，若有印綬混雜，也同此論。

實務當中，凡八字出現正偏混雜又格局不成者，總有相對應的缺憾——是一生有缺憾、難完美之意：

- 正偏印混——妨母。
- 比劫混雜——手足多妨礙。
- 食傷混雜——祖孫不能同堂。
- 官殺混雜——子難教。

年月官殺太旺犯刑沖——早年境遇不佳。

坤造　庚子　丁亥　丙寅　辛卯　五歲甲辰年喪母

此例：

●正偏財不坐合而坐刑——剋父母。

●正偏印祿位坐天干之合——剋父母。

●年月地支官殺祿位混雜——早年境遇不佳。

實質上，任何十神混雜於年月地支，皆主境遇不佳，以六親而言：

●年月財——父起落不定。

●年月比劫——剋父，早年艱辛。兄弟爭奪。

●年月印綬——母操勞。父不得力。

●食傷——依靠祖輩或自立——「父母不在父母位置」。

●年月官殺——人情乖違，六親冷淡。

實際推斷時，需注意：

●天干地支區別——人於地支之感受親切，天干之感受宏觀、遲鈍。

●混雜是一種感受，不代表具體事情。並不如有的人理解：「父起落不定就是指父親是農民，只要年月不混雜就是高官」？

此命綜合而言：早年家境不良，父母有一「艱難」。

財多財刑，剋父母。

乾造　乙亥　辛巳　丙申　庚寅　七歲庚辰大運辛巳年，母逝

此命：

●正偏財坐三刑——同上兩例，為父母之凶。

●年月沖剋——其中含義：一者，青少年時代家境有變故，祖業不得遺傳到父輩。二者，早年多「動」，不能在家安定成長。

《淵海子平》論曰：

「凡人命帶財下生，須出富豪；不螟蛉，必庶出、或沖父母」。「凡小兒命，見財多，必庶出螟蛉，剋父母也；若幼年行運於財旺之鄉亦然」。

•本書將財多解釋為正偏財同有，且坐刑沖會合。

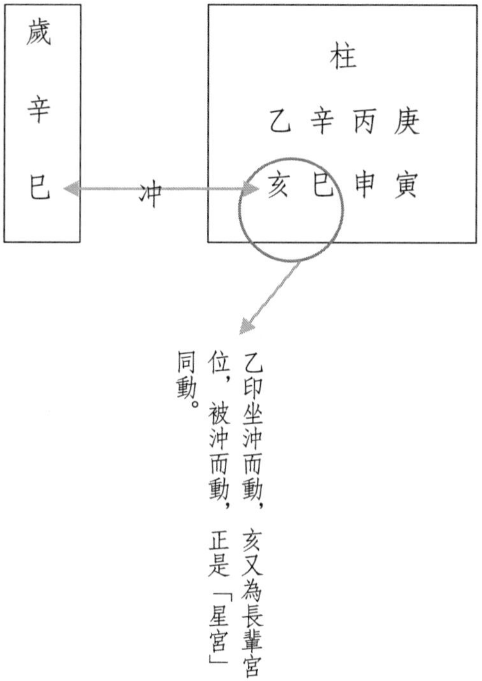
柱
庚寅
丙申
辛巳
乙亥
沖
歲
辛巳
乙印坐沖而動，亥又為長輩宮位，被沖而動，正是「星宮」同動。

合化、混雜成吉凶。

初學者會有疑問：人之父母總有過世之時，總有個災難，到底什麼程度的為凶？按照一般普通家庭情況，父母於『我』之意義大約一是生育，二是庇護，三是鋪路。

●犯第一條者如：不知生身父母、出生之前父喪、母難產。

●犯第二條者如：淪為異性孤兒、過繼別家、父母偏心、不得家產。即所謂『有娘生無娘養』。

●犯第三條者如：父母不關心子女前途甚至阻擾子女已成之業。

命理學者務必要對人情世故有所體會——並非所有母親都愛子女，並非所有兒子都只愛媳婦。今日很多小清新范的初學者，總是擺出一副『教訓人要體諒父母、博愛長輩』的姿態，這類人還暫時不適合學算命——容易把算命變成道德說教。

總而結之：

父母之凶者，如過房、父母早逝，其核心即是「吃多家飯」、「父多」、「母多」、「異姓姊妹」。

●吃多家飯——命中帶合；十神混雜。
●父多、母多——財印成混雜之狀；
●異姓姊妹多——比劫坐刑沖會合、藏於墓庫；
●父母沒能為子女著想——年月順用之神不得生扶保護；年月逆用之神而無制化；

書云：

「合之化者，公卿巨賈。合之不化，孤兒異姓」、「日時暗投逢合，孤兒義女」。

後殺剋年，父母早喪。前殺剋後，子息必虧。

以十神定位而論，年上比劫，屬父母早年艱辛，父親處於逆境，家境、財務凋零。年上七殺多可論為「走下坡路」。兩者均主「頹敗」。換做時柱論子女亦然。參考《命理學教材第一級》。注意：

●年柱，既能指論六親，亦代表早年生活感受。可以是具體的人，可以是抽象的感受。

民間又常以時干生日干（正印）而論子女孝順。以時干生年干而論自己孝順父母。若論與家人關係，以十神更為全面，年月中：

●正官正印能維護家庭團結。
●七殺偏印一反常情、家庭沒落。
●正財比肩安於現狀，呈焦灼、掙扎狀態。
●偏財劫財尋求新機，穩中求進。
●食神傷官則自我、獨立。

以上所論，既可以發揮出好的一面，又可以發揮不好的一面，無非是取決於能否『格局得用』。

以此而再十神定位，如：

- 月令正印，父母團結子女。
- 月令偏印，父母用感情、虛言哄子女。
- 年支正官，祖輩、父輩社會關係穩固，七殺則是沒落家庭。
- 時支比肩，自己與子女老實肯干，偏財則是投機之家。

至於剋父剋母另有他法，多屬訣法體系。所謂訣法者，即是臨場發揮有用，而當做書本知識反覺不全面。

祖財飄蕩，梟印重重。

此訣若僅以伏吟下斷，則只論：

●命帶伏吟，即是反反復復，起伏不定，因循守舊，難能奮起。

這其中以自刑伏吟最為厲害：

●辰辰、亥亥、酉酉、午午。

若再同論五行，則：

●甲木——水重者——飄蕩離家。

●丙火——木重重——健康有問題

●戊土——火重重——短壽無子。

●庚金——土重重——窮困。

●壬水——金重重——破祖。

第二節　婚姻、子女

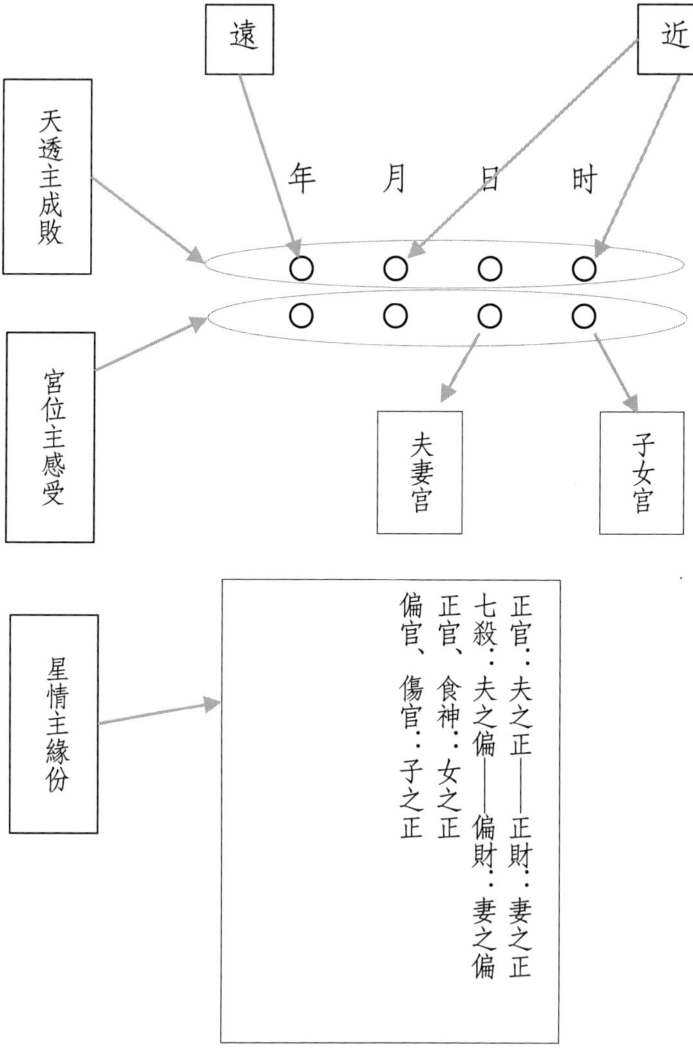
遠
近
天透主成敗
年
月
日
时
宮位主感受
夫妻宮
子女宮
星情主緣份
正官：夫之正——正財：妻之正
七殺：夫之偏——偏財：妻之偏
正官、食神：女之正
偏官、傷官：子之正

日坐財，妻能持家。

•日支不反格局者，妻不反事業。以格局為事業。

一個八字會有多個格局，我們分年月為左部、日時為右部。以順逆之法論日支成全、破壞哪個格局而下結論。

○○ 辛酉 甲辰 ○○ ——婚後旺我已有之志向、事業。因日支之財輔助正官。

○○ 辛酉 甲午 己巳 ——婚後宜棄公奔私，因日支傷官害官。但旺時柱財格，故而婚後易棄正官所示志向，轉而理財。

甲○ 乙亥 甲午 甲○ ——天干均為壓制正財之物，論為妻不得志。月令亥，天干全為護亥之物，妻不濟事，反落一身不是。此是財不透，力量不足，在家能內助，一出門就一身是錯。

•另外，凡日支帶沖的，多多少少有點遺憾。

《淵海子平》論曰：『日下月下坐財官，主妻多內助，更得妻財』。

殺臨子位，必招悖逆之兒；時上正印，受子之榮。

四柱宮位、年限有豐富的人生含義：

•年柱——我們稱之為祖先宮，是以我降生之時父母還屬年輕，而祖輩正值勢旺，若無特殊變故，當是祖輩為家中棟樑。

•月柱——及我青年，父母已屬壯年，而祖輩年老，家庭走向、家庭支柱落在父母身上。

•日柱——我已成年，可以自立。聖人云：『三十而立』。夫妻之間互依度日。

•時柱——待我暮年，子女負擔起家庭的供養責任。

故——年為祖先宮，月為父母宮，日為婚姻宮，時為子女宮。不過今日社會形態有些許微調：

•舊社會分家是很大的事，今日兄弟分家另過再平常不過。

•舊社會是『母在家，子不遠遊』。今日初中、高中、大學就會有外地生活。

•因計劃生育，今日有一代人少姊妹兄弟。

●不但是少姊妹兄弟，而且大中城市的住房形態決定絕大部分家庭是婚後只能是另立門戶，不與父母同居，農村還或多或少保留著老社會的「規矩」。

●晚年可以不再依靠子女，而領養老金、住福利院。

故此訣有兩層要義：

●十神定位——六親於我的感受。時柱十神是子女的社會特徵、給我的感受。

●感受如何不決定成就高低。

時柱正印——子女給我的性情感覺是本分、保守、文質、有禮。注意：是對我的感覺印象。外人、甚至其他家人並不一定有如此感覺。這種感覺因人而異。時上正印，有時候應驗的層次特別深，比如子女從事與文化、教育類似職業。七殺同論。

時柱不論是七殺還是正印，這個不決定子女成就大小。悖逆歸悖逆，孝順歸孝順，與成就大小兩碼事。

若論子息對我本人事業、成敗的影響，也與婚姻同理。時柱反格局之時，子能敗我之事業，應讓子女早早自立。

【擴展】，僅以性格感受而言：

- 日坐七殺，難伺候之妻。
- 月令七殺，父母性暴。

【擴展】，僅以沖合而論：

- 月上財不合會成它物，享父母之財。
- 時上財不合會成它物，享子女之財。

《淵海子平》論曰：

『時上傷官及空亡，難為子息』；

『時上傷官，子孫無傳』；

『年看祖宗興廢事，月推父母定留存。日宮專論夫妻局，時上高低定子孫』；

『月上有用神得祖宗之力，時上有用神得子孫之力，反此則否』；

『時上偏官有制，晚子英奇』。

……

官殺混雜、傷官合神，酒色沉迷、不媒自嫁。

《命理學教材第一級》介紹了十神的眾多用法，如：

- 單粒十神——有一粒十神就有一種性情、就有一種技能、就有一種緣份。
- 十神定位——人階段性生活重心、處世為人的階段性技巧、階段性人生觀。
- 十神格局——人生成敗。
- 十神喜忌——成敗補救。

此訣提到的七殺，人犯之又無制化，則易使人沉迷不悟。傷官易使人不受約束。一旦混雜，則是非觀念混雜、人生觀混雜，當然也就擇偶觀念混雜。

十神均主人之世界觀、人生觀、婚姻觀，以女命婚姻觀而論：

- 七殺：並不一定要由父母同意，並不非要婚前就有穩定生活，但能彼此吸引、佩服就好。
- 正官：以責任、家庭、身份為重，『荷爾蒙』是其次。若混雜七殺，則是既希望男的征服她、又希望男的寵著她。這樣的男對象或是膽小、或是性情反復、或是情場高手……

●傷官：忙於興趣愛好，不重視家庭生活。隨性而為，不太在意世俗約束。

此訣提到的另一個概念：「合」。人命合多，則不分親疏。也就是『自來熟』。此處之合有六合、天干五合。三合、三會反而不明顯。

乾造 壬辰 壬子 丙子 辛卯（他人提供案例） （09癸丑運 19甲寅運 29乙卯運）乙卯運29歲辛酉年因酒、色身亡

●丙子辛卯合中帶刑——容易熟識、但不宜深交，類似「口蜜腹劍」之象。

●殺無制時，殺見財，則因財而凶——這個財可以是錢、可以是情。

●庚申、辛酉，一連兩年流年沖大運——大運交接處最怕一沖再沖。

乾造 戊辰 乙丑 辛酉 丙申（他人提供案例） 此人一生好色。

●多合——多情，易與人熟。

●祿旺印全，財星太弱——不怕女人多（所謂身強能抗財）。

需要注意：十神當中，以印綬最能清淨、絕欲。人若印綬通透又有比劫保護者，即便合多，也不以多情、戀色而論。

乾造

己亥 丁卯 壬寅 丁未（他人提供案例） 此人女人緣雜多，與很多女性同床。

多合——多情、善與人和好。

雙財合身，又坐財——日柱地支是一個人的習慣性處事方法。人一遇事，即先按照日支所示來思考問題。如日坐：

- 財——先打量是否有用、是否能滿足欲望。
- 印——打量此事合不合邏輯、遵不遵理法。
- 正官——看他正不正派。
- 七殺——我先懷疑一下你再說。
- 傷官——先挑釁一下你。
- 劫財——保持隨時鬥爭的姿態來維護團結。
- 比肩——我也知道你不容易。

僅僅日坐，是屬於內心如此打算，透出來就是要付諸實施。故男命日坐財又透財者：見到女的就有欲望，想辦法要控制她。換做女命則是：「我要買包包，要吃好吃的」！

此命地支食傷眾多，很會討好、關懷異性。

乾造丁丑 丁未 丁酉 甲辰（他人提供案例 02丙午運 12乙巳運 22甲辰運 32癸卯運）

癸卯運甲寅年賭博輸光家產。

- 財伏比下——朋友、人際關係之財（丁丑）。
- 酉丑合——財合財於比下——合夥撈財、撈『同夥』之財、用財生財。再綜合上一項而言，即是用本求財，求朋友之財。賭博即有此意。如不臨場面斷，我們不能斷定此人就是在賭博。

36歲癸丑——雙沖月令。

- 月令透藏帶格局者，一旦逢沖即是要動一下基業。

37歲甲寅——三會印。

•三會印之年僅從財運、事業而言，多有信息蒙蔽、判斷失誤、自大引凶徵兆。

此命天干比肩一片帶正印，看起來是斯文有禮、正派文雅之人。但地支財合財、食傷多，是個貪玩、多欲之人。八字天干與地支脫離：人前一副儒雅，背後沉迷物欲——論命時，天干主外在信息，地支為實在感受。

坤造 己亥 壬申 辛未 丁酉（他人提供案例） 07癸酉運 17甲戌運 27乙亥運
32歲辛未年專門到外國賭博，大輸

能輸得起錢，也多是有錢之人。此命合殺留印，天干均有根氣，可論為事業有成的好命。不過好命也只是指事業有成，並不能免凶。
31歲庚午比劫合日柱——因朋友破財（劫財合身，可引申為將小人引到身邊）。
32歲辛未，比肩伏吟——破財。
需得注意如下區別：

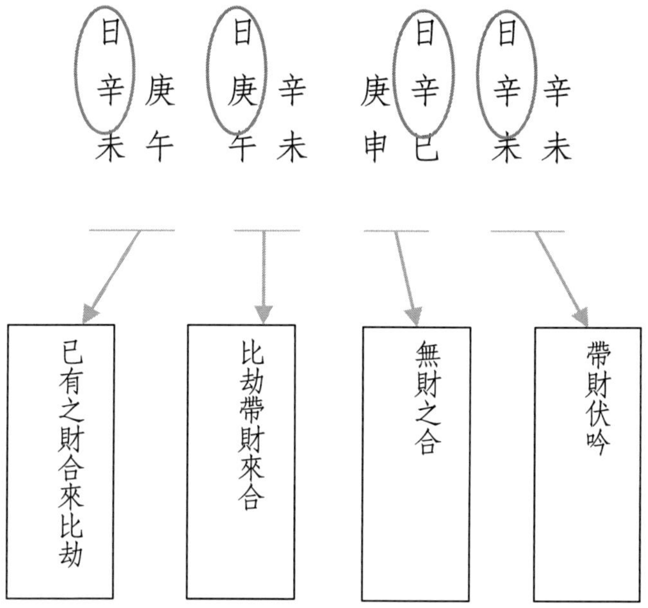
日 辛 未　庚 午
日 庚 午　辛 未
庚 申　日 辛 巳
日 辛 未　辛 未
已有之財合來比劫
比劫帶財來合
無財之合
帶財伏吟

化成別家剋正夫，必主欺夫禮儀疏。

夫妻宮之字，最怕三會、半會、參與過多形成一片。若如此，婚姻難言幸福。

所謂合化為它物，主要以三會看：

- 合化為印——孤。
- 合化為七殺——被欺。
- 合化為財——對方懶。
- 合化為比劫——直接對抗，雙方各自有生活界限。
- 合化為食傷——負擔太重，力不從心。

妻宮有損妻難全美。

妻宮有損是指：

•夫妻宮帶三刑。

•夫妻宮帶三會。

•夫妻宮帶六沖。

•夫妻宮帶六合。

•夫妻宮帶伏吟。

此五者占至少其二，即為有損。單純之一者，只是婚姻易被干擾：

乾造　丙戌　丁酉　己酉　丁卯

辛丑運，丁卯年離

此命：

●不見妻星——與妻少緣。

●夫妻宮逢沖又逢刑——婚姻易受外界干擾。酉酉伏吟且自相刑，主喋喋不休、家事紛繁。卯酉逢沖，主妻、子難以顧全。

●自坐食神——依照單純的『十神定位』而言，即是『私生活感覺良好』。但逢刑逢沖：外界施加影響，再則是良好的感覺也自覺不長久——感覺良好與否與離不離婚、甚至有沒有婚姻，並沒有直接關係。

●天干全印，反剋日支，主壓制妻子作為。

41歲丙寅年與年柱成火局透火，再加之命中月時亦均透火，是為印多，論為有災——日無強根，己先災。日有強根，先傷他人。

●注意：人在虛歲二十一、四十一、六十一歲均為年柱合會之年，這並不主凶，要同時參看日時。

42歲丁卯，再沖日柱而生變——此變並不一定非就離婚，只是具體到此人離婚了而已。

坤造 甲午 庚午 甲子 己巳

四十歲前離婚兩次

夫妻宮太弱，三沖一。此處之沖是方位之沖、廣義之沖，將十二支以巳午未做南方，亥子丑做北方而言——三南沖一北。

此命：

•明殺坐沖——與夫分離實屬自己意料之中事。不在一起想得慌，在一起卻鬧得慌。

•明殺，無明制、無明化、無陽刃——難以馭夫。不但無制，天干還有生助，有倒貼男人之論。七殺為夫之偏，需得好好約束他，方能有為，若一味驕縱，豈不可悲？——日元無根時，還可論為原意息事寧人，一旦有根見沖刑，就是得理不饒人，非要鬧個輸贏。

•地支不論強弱，而只論刑沖合會：其中之六沖是屬方位之沖，隱含有「作對」、「不容」之意。

●此命庚通根到時，主到老都願過夫妻生活、離婚後還願意再找。

坤造壬申　庚戌　丙辰　壬辰

25歲丙申年，離婚

此命：

●明殺無制反有生助——難以掌握丈夫。

●七殺坐殺局——曾經有過，後來再有之時，前任又多會來干擾。

此例有一核心訣法：

●殺坐官殺局——前夫帶出後夫（比如前夫後夫互相見過面，有點過節，或者相互干擾等等）。

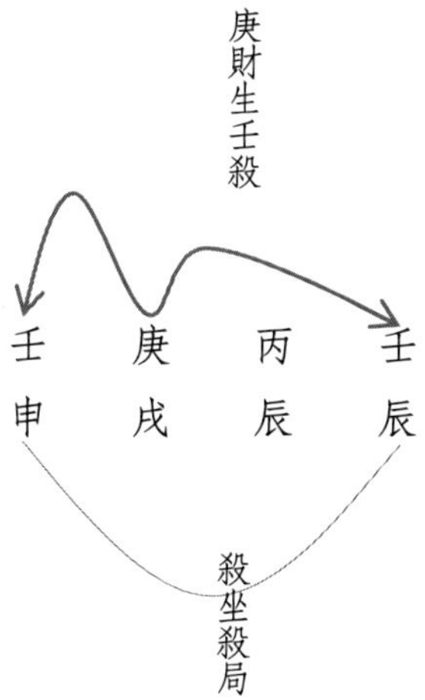

乾造 丁丑 己酉 庚戌 戊寅

40歲乙巳運，丙辰年，離婚。

此命：

- 日支夫妻宮之字戌見寅見酉，成兩象——凡某支被雙合會者，主此宮相應事象難以全美。注意：四生位四庫位即寅申巳亥辰戌丑未能成兩象。
- 妻宮逢會又逢刑。
- 39歲乙卯年沖剋月柱。40歲沖剋日柱。一連兩年沖剋八字，又是陽刃先合後沖。

乾造 庚寅 甲申 甲辰 丁卯

32歲戊子運壬戌年，妻死

此命：

- 日支水局，木局，夫妻宮兩次合化。不論格局如何，不論成敗如何，可單論婚姻不能美滿。
- 時柱陽刃傷官，此為晚年妨子妨妻之命。
- 31歲辛酉與時柱沖剋。32歲壬戌與時柱雙合。又是陽刃逢沖合，可論破財、妨妻。

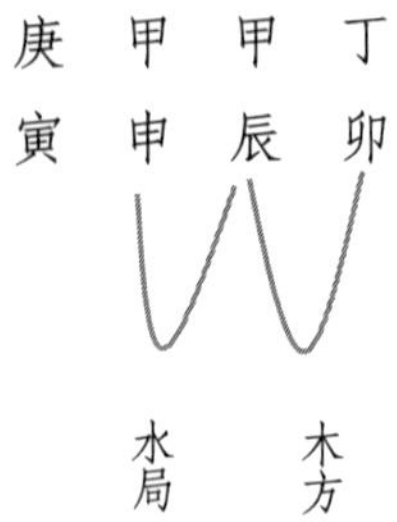

坤造 甲申 丁卯 丙子 丙申

22歲乙丑運，乙巳年，喪夫

此命：

●夫妻宮逢刑，逢合。

●時柱比肩坐官殺局——與人爭情。

●雙申見子而半會官殺——能因夫得財，亦因夫破財。

●21甲辰年三合水局，22歲三合金局——凡一連兩年三合局者，當特別注意，會有大吉大凶之事。

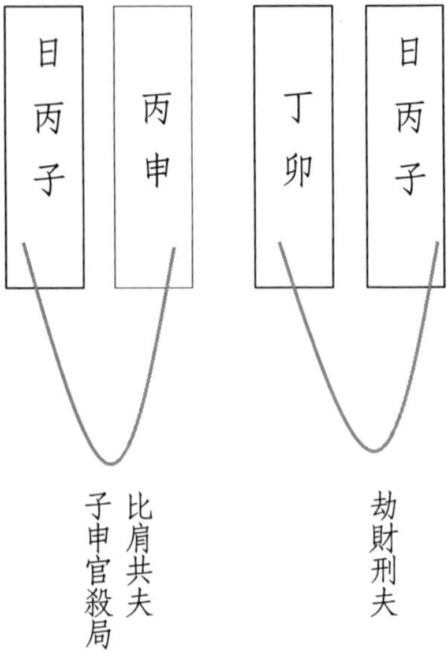
日丙子
丁卯
劫財刑夫
丙申
日丙子
比肩共夫
子申官殺局

第三節　文章、謀慮、術業

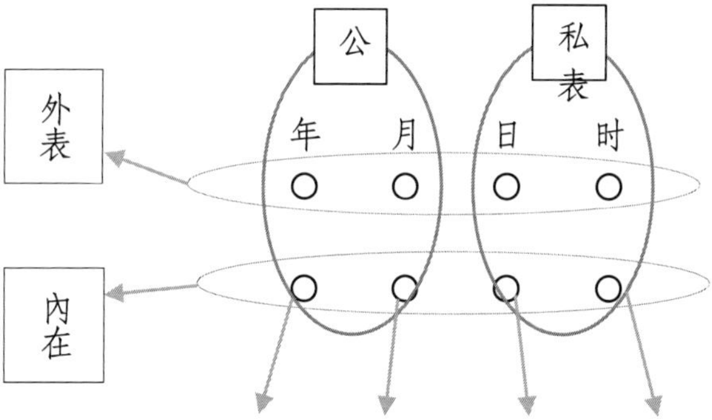

十神主人之才能——或順、或逆而用之

晚年時。內在手段，底氣，後路。

中年時。人生觀形成之時。自我定位，私人空間

青年時。切身之環境、世界觀形成之時，教育，社會背景

早年時。大背景、家境、家庭、人脈根基

五行主人之稟賦——不欲過旺、過衰

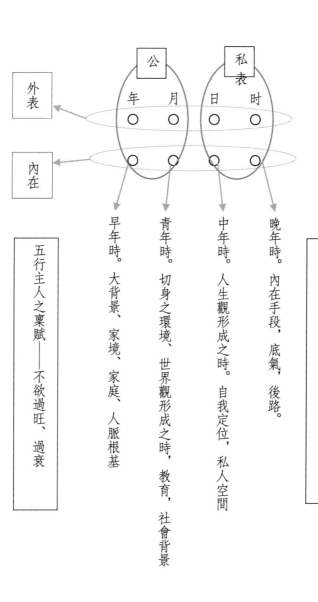

甲　五行法（稟賦）

金水靈動，源遠流長；水火氣輕，文辭清靈。

丙子　庚子　癸酉　甲寅

當代著名易卜者，邵偉華。

其文摘抄：

有什麼樣的四柱，就有什麼樣的行為

一個人有什麼樣的四柱，必有什麼樣的行為。如命中比劫如林，此人必好爭；傷官旺而多，此人必清高，與當官的無緣；甲木生在冬天，水為印，必仁慈好學；命中梟旺殺旺者，必好鬥……

5月初，有一老闆拿出他情人的四柱讓我看，我看此女是86年之人，柱中甲木為身，又生冬月，水旺為印。我對老闆說：「如果這個出生時間準確，此女個子應在1.7米左右，與書本緣份深，愛學習，對錢財不大關心。」「不對，她剛1.6米，最不愛看書學習，一看書就頭痛，而且特別重視錢。」

我聽了老闆的話，肯定的說：「這個女的不僅出生年是假的，而且應生在四、五、六月，命中無木無水，又身弱財少或者無財，命中一定是火土旺，你回去好好查一查。」

第三天老闆打來電話，此女生在1979年農曆五月，命中無水無木無印，果然一遍火土，命中無財，所以此女不愛學習，愛錢財，個子不高。老闆還高興的說：「不僅從一個人的四柱可以看出人的真實行為，而且可以看出其出生時間有假，我國的命理科學，是無法否認的。」

木氣和藹，近火者明敏文章，近水者酸腐陳舊；金土氣重，文拙詞艱。

庚午 庚辰 庚戌 己卯

梁湘潤

其文摘抄：

其一 《用神經史觀》① 介紹文

「用神」之原理肇自「京房易」，「十神制」之中，已有「用爻」之一說。自明代初葉，即已形成「子平法」主流之術語，歷時將近七個世紀。

故此，此書是將明代初期「納音五行」轉「河圖十神制」，歷經「支藏天干、值日、格用、喜忌」等七百年之民俗文化，與易學間之演變歷程，予以具體之介紹，是劃時代的鉅著。

2012年4月7日

①注：《用神經史觀》此書中P254—P286頁，攔綱網抄本失傳喜忌詩訣，是我於2011年提供給梁湘潤先生。在此之前，坊間並無公開版本。

其二　《實務論命》之「業餘學術——實質內涵」

憶昔大約二十年以前，我在台中授課（二年期），當然授課幾近於二年期滿之時，有一位同學，他向我發問：「老師所講的話，我都懂，可是我仍然是不會為人算命」！類似這些「問話」，對我而言，那是經常聽到的事，由於這個「問題」內涵複雜，在一般情況下，我是不可能做出「具體」的答案，因為說來話長。

由於全班同學都有相同的問題，我就做了一些對答。

首先，我個人對「何謂業餘不會算命」這一句話，我內心是有一種實質上的定義。即是有著兩個層次，一、理解認知極限；二、理論質疑。

2013年

木明火秀；金白水清。

古法中以「木明火秀」和「金白水清」最為易得科甲。幾乎是文豪、狀元的代名詞。然而對於這句訣法的理解卻是各家有各家的看法：

木火通明：

●——春木食傷格《三命通會》。

●——春火印格《造化，窮通》。

●——夏火之印格。

●——夏木食傷格。

最後一個我本人並不採納。而將其作為「木忌南奔」的格式——氣散文章。

金白水清：

●——秋金食傷格《三命通會》。

●——辛金愛壬水《攔江網》。

●——癸水喜庚辛《攔江網》。

注：《三命通會》更多從處事、才干角度考慮問題，即格局相關事業。《造化，窮通》則更多關注人性，即一生之過程性。

古人之說文章，可以理解為「能寫」。所說科甲，可以理解為是指事業的一種層次。

乾：丁丑 丙午 丁未 乙巳

2013年全長春中考前25名。此命夏火印綬格。

乾：己酉 丁卯 甲午 戊辰

全國書協會員。博士學歷。此命不是嚴格意義春木食神格。而是春木傷官生財。此命帶財，乃名、利之人。非是「春木食神」之仁愛高義。

乾：癸卯 壬戌 甲午 甲戌

大學老師。研究書畫，搞文化評論。此命水印透出壓火，我們說食傷是產出，印綬是收斂。正和其『評論』方面才能。

坤：癸酉 壬戌 癸酉 庚申

2014年某省高考狀元。此命金水成象。

木生春令逢食傷，甲宿文場義理深，金水秋氣炎方取，魁星官殺貴分明。

此訣含有深刻十神含義，可同時參考下節內容：

- 比劫指文章的視野廣度、寬度，文章主體的所指性——帶比劫者：文章能說出眾人心聲。
- 食傷指文章的體裁，食傷得當者：表達清晰。
- 印綬指文章的思路和行文框架，印綬得當者：條理清晰、立意明確。
- 官殺指行文風格、文章氣質。官殺得當者：文有深意、神鬼敬服。
- 財星是文章的實用性。財星得當者：操作性強——比如本書。

甲寅

→ 甲為比肩——經歷

→ 丙為食神——表達

→ 戊為偏財——實用

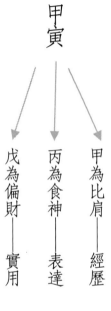

故：以十神而推：乙生卯月、辛生酉月，只是單純、性直、文義散漫。

金白水清之

庚生申月——理想主義者
庚比肩——視野
戊偏印——見識
壬食神——浪漫

木火通明之

甲生寅月——實用主義者
甲比肩——視野、為人接受
戊偏財——經世致用
丙食神——通用、靈活

乙 天地人三元法——成就極限

道法三元——

天元：

天道不可違逆，是為永恆之自然性。天元得用：文章有人看。能知進退。

地元：

階段性緣份，供人趨避。是為兩可之或然率。地元得用：專才、專能，興趣、愛好。

人元：

人之欲、事之性。是為方向性之引導。人元得用：合乎人情、道義。

天元

●農民——依照莊稼生長習性、天侯、地理之自然性耕作。

●治政者——依人性、時勢施政。以人為本，與時俱進。得民心者得天下。

●商人——依市場、利差買賣。低買高賣。人欲即為商機。

地元

●在農——橘生淮南則為橘，生於淮北則為枳。東北大米、新疆棉花……

●治政——三十年河東三十年河西。東風壓倒西風……

●商業——坐商、行商、官營、私營……

人元

●農民——住四莊八院、享四時瓜果？三十畝地一頭牛、老婆孩子熱炕頭？

●治政者——先公後私？因私廢公。但求無過即是有功？

●商人——誠信交易、囤積居奇、以次充好。

丙 十神格局法（價值、環境、成就內容）

1、十神能示文章、學術架構。

正官——條理、戒、規。
正印——思維、情智。
七殺——壓力、變化、深邃。
偏印——幻象、創新。
正財——日用吃穿、實際需求。
偏財——裝飾、改善、補充。
食神——情志、謀劃。
傷官——展示、刻意而為。
比肩——道義、文心。
劫財——通便、另闢蹊徑。

2、十神可論一生福業之過程。

人命以財官為本，柱中但得其一，亦可發福。

此訣有如下要點：

- 一柱柱限有十五年效用，時柱則是管到「老」。「柱限」常以地支批斷——因人在一定時期內的緣份只有自己感受最深，也就是對地支的感受較深。天干只是標簽，是我外在表現，人有時候自己在社會上是什麼表現自己並不太清楚。
- 地支祿位視為一個天干的本氣，在論命時，如果只論大概一柱之年限感受，可用地支祿位換算天干而推：

a)官為公，財為私。正官一位月令安靜，從公穩定。財星一位月令安靜，謀財得益有準。
b)凡地支有一位財官之祿位不逢沖刑、沒有合化變性，即有十五年中平歲月。
c)格局在年月透出得用者，早有事業；日時透出者，中晚年得以成全。

〇〇 己酉 癸〇 〇〇 七殺無有天干制化時：主青年時期家庭在外人看來是走

下坡路（己七殺）。自己內心感受則是家長不容易（酉偏印）。綜合而論就是：「家長用感情、虛言掩蓋家庭沒落的責任（月令父母宮）」。或者，「家庭沒落，家長只好空口許諾來對待我」。注意：只適用於卯酉子三地支，因其地支氣數純一。

〇〇 戊子 己〇 癸〇 先破後成。

癸〇 〇子 己〇 戊〇 先成後破。

五行各得其所者，歸聚成福。一局皆失其垣者，流蕩無依。

五行各得其所是指：五行十干得其生旺位。

五行失垣是指：十干無根處、五行休囚處。

各得其所：

- 甲——寅，亥。
- 乙——卯，辰，未。
- 丙——巳，寅。
- 丁——午，未，戌。
- 戊——巳，寅申辰戌。
- 己——午，丑未。
- 庚——申，巳。
- 辛——酉，戌丑。
- 壬——亥，申。
- 癸——子，丑辰。

即——八字有天透地藏者，必能有一項技能、事業，只是須看此天透地藏在何處，是否有「生、護、制、化、合、會」干擾。

甲〇 〇寅 日〇 〇〇

〇〇 〇亥 〇〇 〇〇　少年已有表露，青年時代落至實處。

以上兩例式中，甲木所代表事項，若日時有生扶，可用終生；日時無生扶，到三十歲時達到巔峰。若通根在日則為45；若在時則為終身。

〇卯 乙〇 日〇 〇〇

〇辰 乙〇 日〇 〇〇

〇未 乙〇 日〇 〇〇

以上三例式，乙字若無生扶，則乙所代表事項主要影響到23歲左右。也可論為：幼年之時的影響在青年時二三十歲前達到實質巔峰。

相當讀者讀到這裡可能會有如此疑問：《命理學教材第一級》中不是講「天干主一

生有用」麼，為什麼這裡又說只到23歲？這實際上並不矛盾：前言『天干主一生有用』是在格局層面，格局一輩子都管用。後言之主到23歲，是指此人16——23歲的主要事項以乙木為主，過了23，以後直到中年、晚年，將會有其他主要事項。比如可以這樣理解：一個人年輕時犯過法，這個「犯過法」足可以影響一生別人對他的評價，但中晚年並沒有一直違法。又好比：年輕時貪戀女色導致沒有考上大學，這個沒有考上大學肯定會對以後總體人生走向有影響，這個月干主人生16——23，即是『年輕時貪戀女色』，這個月干又可一生有用，是指到了後來成年、晚年人生走向受以前影響。

財旺身衰，因財而累。

一般而言：十神與日元旺弱對比，只是一種壓力感受的對比。財旺身弱，是屬於在「財」上的壓力大，我對「財」的操控性不足、效果慢、力度小。並不能直接導出「因財喪命」等具體結果。

本書採納哲學式研究的方法，將十神的排列分為以下基本類別：

1、透藏——示明暗、表裡、虛實關係。

2、強弱——長生位乃事之初起、帝旺位乃事之成、墓庫位乃事之藏。

3、刑沖合會伏——運作方式。

4、十神生剋——順、逆。

5、天合——抵消。

每一項又都有變化，比如透藏：一透一藏，一透二藏……比如天合：一合二，二合一……如能全部開展，即是所謂秘訣。

官殺混雜，乃技藝之流
十神混雜，從凶而言皆主品行不定；從吉而言則是多才多藝。

財祿生馬，為經商之客

此訣有兩項要點：

寅申巳亥為『四長生』，又為神煞之『驛馬』。我在《命理學教材第一級》中用地支藏干方法解釋過這四位地支，讀者可回看參考（長生位——積極向上，生生不息）。

驛馬逢沖——多動而穩。子午卯酉之沖變動更大，不甚穩定。辰戌丑未之沖晦暗不明，越沖越亂，超級穩定，但性質不明。

故：

- 財坐於財自身長生位者，源源不斷之財。逢沖即為動中求財。以丙寅、壬申兩柱為主。
- 財坐於自身旺位者，穩定之財。逢沖則動根本。以乙卯、辛酉兩柱為主。
- 財坐於四庫位者，晦暗之財。逢沖則名份不定。以乙未、辛丑二柱為主。
- 財逢合者——互通有無之貿易，可囤積。
- 財逢沖者——倒買倒賣，流動之財，不宜囤積。
- 三合財者——大雜燴、陳列、展覽、超市。

坤造：

丁亥 丁未 辛卯 丁酉

三合財，開過商店。

馬落空亡，遷居漂流；祿遭衝破，別土離鄉

•古人有時將財稱為「馬」。

•將正官稱為「祿」——若是以驛馬為此處「馬」星則不驗。

•六沖意味著不能兼顧。

注意：本書以講解子平命理為主，不採用「空亡」一說。

〇〇 〇子 〇午 〇〇 在「父母」與「婚姻」之間不能兼顧；30後有一變。

〇午 〇子 〇〇 〇〇 在「家庭」與「志向」之間不能兼顧；需得離家。

〇〇 〇〇 〇子 〇午 在「婚姻」與「子女」之間不能兼顧；得子後有一變。

年干之官星，福氣最厚。之七殺，終身不可去除。

年柱為出身，相當於現今檔案中的「政治面貌」、「家庭出身」。

●七殺為格局，有制則為寒門貴客，無制為體制外的人。
●正官為格局，有生護者為體制內受益者，無生護者為敦厚人，家境平常。

年柱的重要性在於：
初步認識自己——涉及到將來如何定位自己：為人處世是否自卑、是否有底氣？
求知欲旺盛期——這時候瞭解的東西會形成人格、人性的最深層次一面，會影響一個人的習慣性行為。
用命理術語表達即是：

●年柱不輔助格局——事業脆弱，根基不深。

除此外，也為初學者煩惱的：年上正官是指年干還是年支？前文已敘：天干為明，地支為實際感受，僅以家教而言：

乙〇 〇〇 戊〇 〇〇 早年看起來教育良好。

壬子 〇〇 丙〇 〇〇 正在走下坡路的家庭仍然家教嚴明。

丙午 〇〇 辛〇 〇〇 早年看起來教育良好。實則是將倒之大廈。硬撐著，不讓人看出來是走下坡路的家庭。

以上例式不涉及格局成敗，只是僅就局部而言。比如第二個例式，並不能因為我下了一個「正在走下坡路」的斷語，讀者就以為此命沒有出息。兩碼事。

3、格局即是成就，格局如何即是成就如何。

格局講究清純——人品清純、事業清高。

清——格局鮮明，天干不混。混雜如官殺混透、食傷混透等。

純——地支不混雜。

格不宜多，多則分福——以天透地藏為標準，地藏是指祿位之藏——格局重復則事多重復、精力虛耗。

有天透地藏而格局不成——隨機緣轉換職業，無常業、無常性。

柔弱偏枯小人象，剛健中正君子風。

日元過於強旺者，無制化，不從——自大。有制有化或從——有志，堅持追求。

日元過於衰弱者，無生扶，不從——無自主力。有生扶或從——依形勢而成。

過於寒薄，和暖處終難奮發，過於燥烈，水激處反有凶災。

寒暖分在三個層次而言：

- 一者五行——金水為寒冷，木火為溫熱——人之本色。
- 二者四時——春夏溫熱，秋冬寒冷——天時、地利。
- 三者柱限——長生、沐浴、冠帶、臨官、帝旺為暖，衰病死墓絕為寒——機緣。

如庚子日生於巳月：

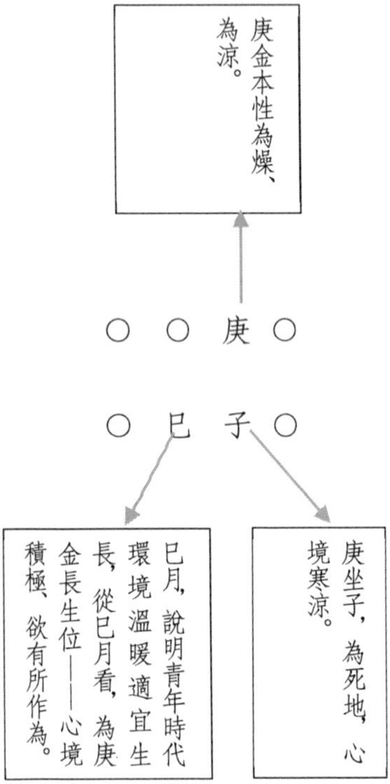
○ 庚 ○ ○
○ 子 巳 ○
庚金本性為燥、為涼。
庚坐子，為死地，心境寒涼。
巳月，說明青年時代環境溫暖適宜生長，從巳月看，為庚金長生位——心境積極、欲有所作為。

本我——
天干特性所示之我。不涉及價值判斷，也不因外界變化而變化。
自我——
四時五行、十幹喜忌所示之我。限制、成全我的原始欲望，溝通我的社會成就。
超我——
十神、格局中的我。現實社會中塑造的我，虛偽的我，修飾過的我。
過去、當前、以後的我——
十二運中的我。

過於執實，事難顯豁；過於清冷，思有淒涼。

●格局被維護太過，反成喧賓奪主之勢——做事不分主次，手段強過目的，可稱執實。

己〇 辛〇 甲〇 戊〇 正官被生太過。此命向財。
辛〇 癸〇 甲子 乙亥 正官被護太過（反成耗泄）。

●格局孤單，無可使用者，只是單純有才能，未必有成就，可稱清冷。

乙〇 辛〇 甲〇 甲〇 天干無財無印，官星無輔。

●子午卯酉清冷——少人情因素，專心、不涉旁事。
●辰戌丑未執實——分心太過，牽制多，事無頭緒。

過於有情，志無遠達；過於用力，成亦多難。

●五陽干日元，八字多合，易致牽掛過多而志難遠達——可稱為過於有情。

●五陰乾日元，八字合多則不如然，而論為「善用形勢」。

●八字格多——天透地藏者多，容易導致多種做事方式，而使致志無遠達。

丁 特殊組合所示含義：

1、包固日元

〇〇 ★〇 日★ ★〇 隨身攜帶、難以自我反省的性情習慣、環境。此種格式的排列，容易使命主身陷不能自覺的境地。

〇〇 乙〇 己卯 乙〇 習慣性猜疑。

2、天干三同

★〇 ★〇 日〇 ★〇 特殊品性，一生不善變通。

丁〇 丁〇 辛〇 丁〇 一生好鬥。

己〇 己〇 辛〇 己〇 一生好學、保守。

3、兩頭混雜掛

★〇 〇〇 日〇 ☆〇 喜怒無常、陰晴不定。

戊辰 〇〇 丙〇 己丑 女命。花樣繁多、喜怒無常。可以大家閨秀、又可以小家碧玉。

4、天干單一五行，看地支而定

○☆ ○◆ ○◇ ○★

甲申 乙亥 甲午 甲戌 早年剋兄長，青年護兄弟，中年文藝性格不顧子女，晚年惜情戀財。前半生公義，後半生私心重。

戊例

萬育吾（1523年1月4號）

萬民英，字育吾，曾奉命守泉州以防倭寇侵犯福建。後遭陷害而遠離仕途，隱居幾十年。熱衷教學、慈善。死於明萬曆癸卯年，享壽八十多歲。

壬午 癸丑 庚寅 丙戌

自評：

「余命庚寅日，生十二月大寒後，太陽在丑宮門十九度，天月二德在庚，屬日主，又庚以丑為貴神，是將星扶德，天乙加臨，庚生丑月，雖休不弱。年壬午本則旺時，丙戌柱有偏官，所以典兵刑為清台。日主休廢，官故不大。總兵傅津腰玉掛印，與余命同。傅西人庚日得地故也。出身武科，命信然」。

以上是萬育吾自己對自己八字的分析。從中可以瞭解以下幾個問題：

1) 當時（生於明嘉靖年間）多綜合星盤、七政、子平而混用批命。
2) 其本人將官職不大歸咎於日主休廢。
3) 相信出生的地理狀況對命運的扭轉。

今依《命理學教材第一級》、《五行論命口訣》兩書學理所示評論：

- 冬生，以火調侯，火透又有根旺合局——自有天時眷顧——《三命通會》出，繼往開來，被官方收錄，名垂幾百年。
- 丙火為七殺，透出則需制化，此命壬癸混透制伏七殺，可掌威權。
- 冬生，前二柱壬癸，早年功業多為「武功」。以火調寒冬之侯而透時，後半生文明教化。所不同者，以七殺施文明教化者，不近人煙，曲高調寡——早年武職守備，晚年教學、修書。

韋千里

韋千里，浙江嘉興人。民國著名命理學家，當時與袁樹珊、徐樂吾並稱上海命學三大家。（心一堂按：韋千里著有《韋氏命學講義》、《八字提要》、《千里命稿》、《千里命鈔》、《六壬秘笈—韋千里占卜講義》等。輯入心一堂術數古籍珍本叢刊）

辛亥 辛卯 庚子 庚辰

自評：

識者咸謂憾於無火。然春金固非當令。乏土之生。則且無根。縱天干庚辛林立。《子平真詮》云：得三比肩。不如得一長生祿刃。可見徒多比劫。而日元無氣。非是真強。矧又亥卯會成木局。子辰會成水局。水與木皆有挫於金乎。火能熔金。有火固可顯達。無火則一寒儒而已。然寒弱之金。逢微火當可得志。逢巨火則不勝其剋。或且因貴顯而惹禍殃。此孔子所謂過猶不及者是也。若云水木兩局。財星甚旺。亦滴大髓所謂何以其人富。財氣通門戶者歟。無如身人任財。難免富貴貧人之譏。正合我今日之筆耕終夕，硯田枯澀者也。然則富貴皆無大望。我將永自韜養矣。嘗以身弱之命。與身強之命相較。同走好運。同處美境。而其速率與份量。大相懸殊。身強者每遠過於身弱者。此余屢試不爽。故益信拙造之身弱。恐終其身不過爾爾也。查行運。方今行至丑字。尚屬順利。將來戊字或更進一步。子運恐厄於病。但蓋頭屬戊。當無生命之危。於運少濟。亥運伏櫪。丙運以下。老更無為矣。

從韋千里自評可以看到如下命理觀點：

1) 重視身強身弱。
2) 重視五行喜忌，比如強調『金喜火煉』是為榮華前提。
3) 重視量變導致質變。比如喜火，火也不要太旺。
4) 似乎不重視格局成敗。一再強調是「財多身弱」導致的自己「多勞少得」。
5) 身強身弱與否，直接關係大運好壞——實際上就是第三點的質變量變問題。

若以拙著《命理學教材第一級》、《五行論命口訣》觀點來批：

- 此命天干雙清（不是標準雙清），當有特殊才能。
- 天干比肩無有印食轉生，劫財無有官星來制，屬於敗格——一生辛苦、堅韌、但無富貴可言。
- 八字無火，卻見辛金輔助金性——頑樸、操勞之人。
- 比肩劫財坐雙方局——前半生惜財，後半生惜名。

袁樹珊

袁樹珊精醫術，後半生以醫為業。著有多部實用類型醫書，如《醫門集要》、《養生三要》。1948年底，袁樹珊旅居香港，後遷臺灣，1968年11月8日病故，終年87歲。（心一堂按：袁氏術數方面著有《新命理探源》、《袁氏命譜》、《述卜筮星相學》、《中國歷代卜人傳》、《大六壬探原》、《選吉探原》、《中西相人探原》；整理出版《滴天髓闡微—附李雨田命理初學》等。輯入心一堂術數古籍珍本叢刊）

辛巳　丁酉　乙巳　戊寅

自評：

乙木秋生。凋零現象。干支金重，更屬摧殘，取干火制干金、支火制支金。四金適逢四火，似覺木不畏金。然若無命宮比劫長生之資助。木衰火盛。能無盜泄之患乎。如是觀之。用神似取月干丁火。其實在命宮甲木午火也。惜八字缺水。科第難登。嘗聞先父昌齡公云：『汝未生時，月明星朗，將生時，密雲大雨，既生時，雲雨忽散，星月猶存，而天方破曉』。雖五行缺水，得天時之水以補之，究勝於無。因此，人雖愚魯，學可小成。名雖不揚，品尚無缺。果能讀書安命、擇交治生，必不致墜家聲，而為餓俘。驗之已往，察之未來，益信先人之訓誡，確有至理存焉。

從袁氏自評，亦可見不少如今常有之觀點：

1) 七殺要制，但未言明是十神層面的制伏，還是格局層面制伏。
2) 重視身強身弱。
3) 要取用神。
4) 採納命宮之說。
5) 言『缺水而致科第難登』，是因為五行不全？還是日元無喜？還是格局欠佳？
6) 採信《三命通會》『天時、地理能扭轉命運』之說。

以上觀點是不是像極了今日網絡論命？以拙著所示思路，可以批得如下要點：

- 天干三連環，當為有成就、有些許名譽、社會身份之人。
- 財殺兩格宜身旺，今日元身弱無印，一生辛苦有餘、享福少。
- 日時兩支透財——多辛勞、生財門路廣。
- 無印而多財多食傷，利私不利公，宜武職，文職當不堪為公家所使任。

徐樂吾：

據韋千里說：徐樂吾以心臟病不治，死於六十三歲戊運戊子年。著有：《造化元鑰》、《滴天髓征義》、《子平真詮評注》等書。（心一堂按：徐氏尚著有《滴天髓補註 附 子平一得》、《窮通寶鑑評註 附 增補月談賦 四書子平》、《命理尋源》、《古今名人命鑑》等。輯入心一堂術數古籍珍本叢刊）

丙戌 壬辰 丙申 丙申

自評：

余從前未解命理，請術者推算，一知半解的術者，或者以干透三朋，獨殺透清，謬以有為相許，或者以丙臨申位逢壬水，夭壽之徵，危言聳聽，余以其言未能滿意，感歎真學者微乎其微，立志決心自己研究，始知術者之言皆非真正的學理。

天干三丙，通根戌庫，弱是之微旺，三月天熟，火微洩氣於土，故必須壬甲並透，蓋丙為太陽之火，不畏水剋，反起其潤，若無壬水透出，必愚蠢下賤，必非現在之地位也。但用殺不可以言制，壬水通根於申，又得辰申相拱，獨殺頑強，丙臨申位絕地，雖通根戌庫，干得比助，決非其敵，水火兩神對峙鬥爭必須用印以化之，四柱不見甲乙，所以壯不能用，老無能為也。

徐氏自評有如下要點：

1) 丙喜壬水之潤——日元喜用。

2) 辰月用甲壬——調侯。

3) 七殺過多不宜制而宜化。

4) 重視身強身弱。

在讀書不細緻的讀者看來，徐氏觀點似乎與本書相合。實質上有如下出入：

- 徐氏以日元喜用能脫人之愚鈍、是為身份地位之保證——本書僅以日元喜用為人脫胎換骨，抽神、化性之用神。
- 辰月調侯用壬甲為好命前提——本書則以之為人是否得天時地利眷顧的用神。
- 徐氏重身強身弱，用在比較與七殺格的對比——本書僅以地支排列、身強身弱反推吉凶流年。
- 總以上三點：徐氏將命之好壞歸咎於是否有用神（調侯、喜忌、格局），但未分明三者區別。我則不但在『第一級』教材，在本書第二級也多處強調各種用神的用處與先後順序：格局成敗旨在人生成敗、調侯旨在天時地利、喜用能脫胎化性。

講到徐氏樂吾，就有必要梳理一下有關「用神」的歷史小線索：

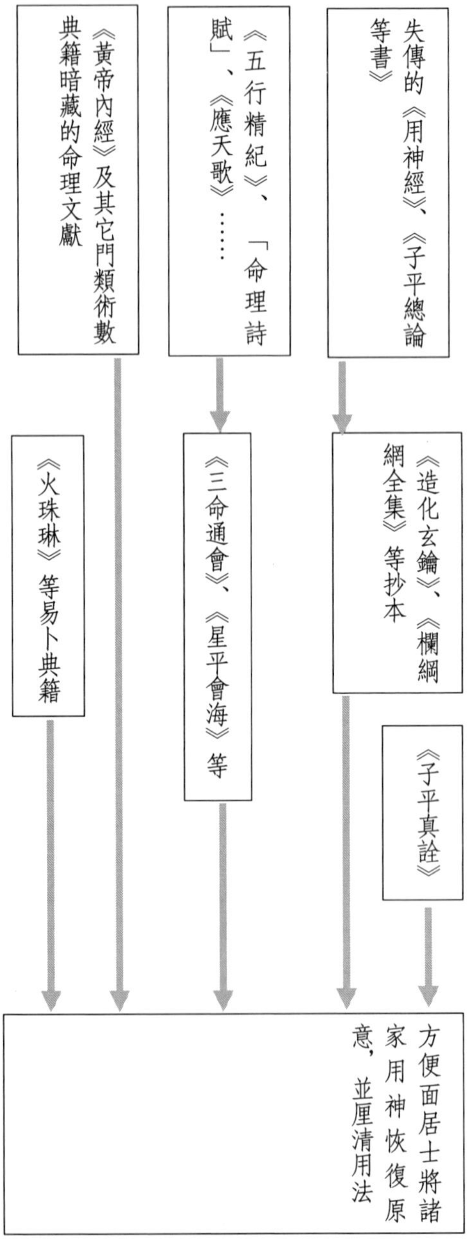

賈平凹：1952年陰曆2月21

壬辰 癸卯 辛酉 〇〇

評：

- 辛喜壬癸且出天干——天干有金水象，給人以文風靈動活潑的印象（天干主外在印象）。
- 日坐祿合年印——內心端正、柔韌，給人以拙樸的內心認同感（地支主內心）。
- 辰酉合、卯酉沖——善變。
- 年日印六合——戀故鄉。
- 月日天生地沖——多對青年時代有委婉批評。

阿炳：（1893）

癸巳 庚申 丙戌 〇〇

大運：3己未1896。 13戊午1906。 23丁巳1916。

評：

- 年上正官坐祿，家教良好。
- 月上偏財通透，青年時代早立事業，多情風流（身有根方可如此而論）。
- 僅憑前三柱，癸水被熏烤、金石阻止，可以應其視力有損。
- 自坐劫財，藝術風格另闢蹊徑、出人意料。
- 天格年月正官帶財，有領導才華。
- 1901辛丑當道士、讀私塾——大運被沖，環境為之一變。
- 1905乙巳學音樂——正印坐祿之年適合安身立業。
- 1910庚戌正式演出——財坐三會財，有收入。
- 1918戊午父親逝世，自己當了掌門大道士。

《文武星案》① 四同八字：

癸亥　癸亥　癸亥　癸亥
吏員：廣東人（嘉靖四十二年）
貧寒：浙江人（嘉靖四十二年）
體育老師山西安康人（1983年）

己巳　己巳　癸巳　丙辰
生員：滁州人。
行商：浙江人。

癸巳　乙丑　丁未　辛亥
閣老張位：揚州人。
尋常人：揚州人。

辛卯　辛卯　辛卯　辛卯
千戶：南京人，嘉靖十年。
史典：福建人，嘉靖十年。
義男：蘇州人，萬曆十九年。
手藝：鎮江人，萬曆十九年。

丙戌　辛丑　壬申　庚戌
會元蔡茂春，河北三河人。
和尚，南京人。

丁酉　甲辰　庚寅　壬午
閣老沈貫：浙江寧波人。
儒生：南直人。

①《文武星案》，【明】陸位輯著。心一堂出版(2012)。陸氏窮四十多年採集的明代「名公巨卿」的星盤命例(星案)，達千餘圖，結集成書。書中卷首為起例入門，卷一至卷五所收星案，由明代弘治至泰昌六朝的皇帝、到王、后及各等官員如文武狀元、尚書、侍郎、御史等，以至駙馬、太監、錦衣衛等俱全；卷六列八字同、雙生、壽夭、戍刑、殘疾、意外身亡等。

第四節 歲運

本命之我和我以外

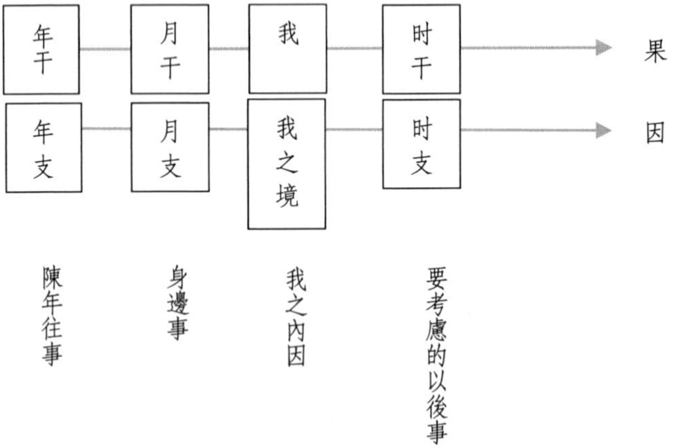

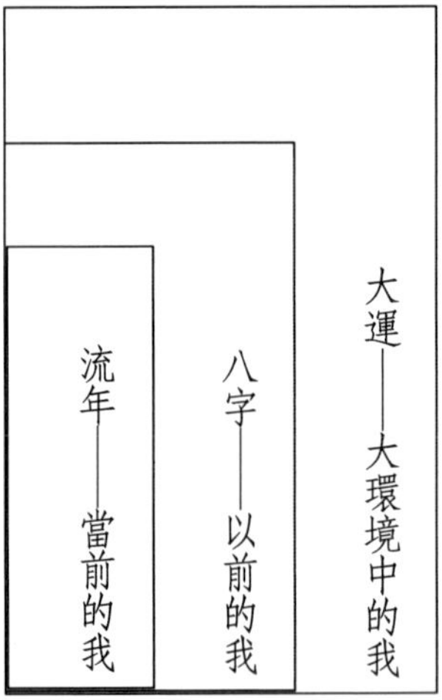

甲　歲運總論提綱

歲運經緯

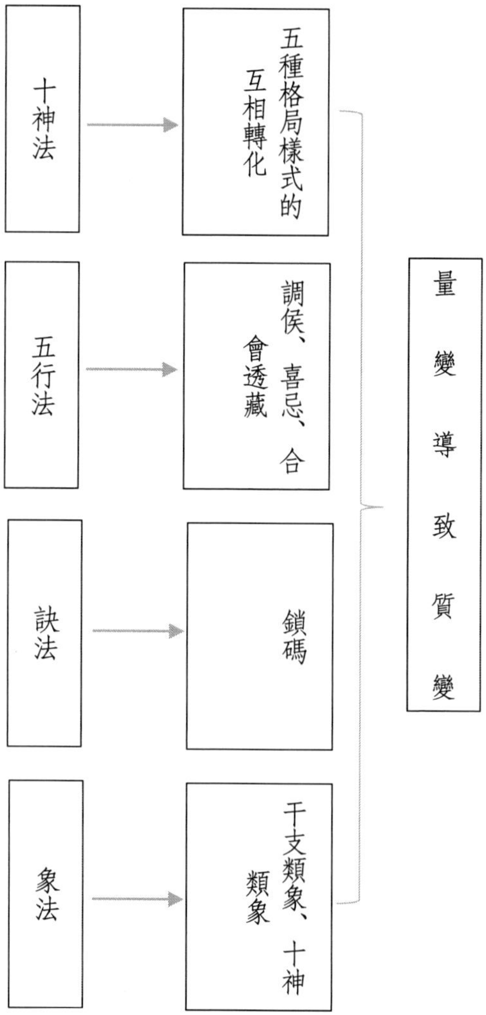

大運是十年中人所處之境地。

流年沖合大運是十年運行的轉軌。

歲剋運未必為凶，歲生運未必為吉。

入運前一年即有運氣強烈波動。

六合多吉，六沖多凶，若再兼有其它沖刑會合，則不如然。

三合大運，吉凶變性。三會大運，吉凶加重。

殺傷劫刃只是感受不好，於事業未必為凶。

三合年——廣置根基；三會年——亢龍有悔。

歲君衝壓未必全凶，可主更換環境、職業。

大運受沖是十年走向有偏——小時候主轉家運；成人後因事不諧影響至少三年。

辰戌丑未，各有三分餘氣。如行午運至未，有三分火氣，行子運至丑，有三分水氣之例，不可全作土論。

交互有意，拱夾當真。

交互即「互換祿旺」——陳年舊事翻出，新事坐實：

●互換旺位：壬午——丙子。
●互換祿位：壬午——丁亥。

常用地支拱夾樣式，因它事連帶而出：

●甲子、甲寅——夾丑——天干同，地支過一位。
●甲子、丙寅——夾丑——天干地支同時過一位。
●甲申、甲辰——拱子——天干同，地支拱三合局的四正方。

歲干合日時之干者，為晦氣煞。

一般而言，日干時干逢合之年，平常人有婚戀等喜事，官貴人有是非纏身【單項干合樣式】：

•甲日己年，丙日辛年，戊日癸年，庚日乙年，壬日丁年

a) 合財：感情、財、破文書、剋母。

b) 陽合陰，可不論身強與否。

•乙日庚年，丁日壬年，己日甲年，辛日丙年，癸日戊年

a) 合官：感情、事業、利文書。

b) 陰合陽，需要論身強與否。

若日時兩干均同時被大運流年之干合住，十有八九晦氣上身：

壬辛甲甲

戌亥子子　女命。己酉大運，己丑年被搶劫兩萬多。

日時干支與流年干支同，為轉趾煞。

此即是伏吟，伏吟如刑沖會合一樣，是一種過程性的表達。伏吟之類型：

- 干支同者——天比地伏，如庚申見庚申，人緣、破財。
- 干同支沖——天比地沖，如庚申見庚寅，破財，走動。
- 地支同——地比——地比天剋，如庚申見丙申。
- 地比天生，如庚申見戊申。
- 地比生天，如庚申見壬申。

財官論原有原無。地支原有財官，天干不透出者不問。若地支無財官，只是天干透出，雖行好運，亦不濟事。

〇〇 甲〇 己〇 〇〇 ——虛名。

〇〇 〇卯 戊〇 〇〇 ——青年之十五年。

〇〇 庚申 乙〇 〇〇 ——終生有實用。此種格式可論青年十五年以官為主，這個正官又透出，參與一生作為，過了此段時間，人生重心轉移，但仍是發揮效用。好比一位縣太爺，年輕時好收藏古董、搜羅民財，但到了晚年本縣境內連發水災，又將一生重心放在治理水患上——變的是柱限導致的人生重心轉移，不變的還是這位縣太爺。

流年、大運取用刑沖會合拱夾論大吉大凶。

- 流年之天干為一年事情的標簽，又可主一年之心性。如流年為甲正官——此年多發生與正官有關之事。此年心情緊張，自我約束。
- 流年之地支為一年事情之內因，可主一年工作生活重心。
- 大運沒有純粹好壞，需與流年同論——大凶流年可以否定大運之吉。大吉流年能提振一運之神氣。
- 大運重地支，以其可以有刑沖合會夾拱。
- 大運干支為一切干支所入之境地。如甲午運：

a) 甲為比劫時，可主與兄朋、同事、人際、緣份等事項為主。
b) 此十年間多與甲午年、甲午日生人有緣。
c) 午為食神時，可主十年利於開拓財源，搞研究，謀求名聲。
d) 此十年期間火土旺相。
e) 沖子屬相、子日人。
f) ……

月為運元，最怕雙沖。

●人的第五步運一定合月令天干。

●人的第六步運一定沖月令地支。

●戌辰為天門地戶，卯酉為日月之門。辰戌二月順行第五步運一定是天合地合運。卯酉二月逆行第五步運一定是天合地合運。

金多夭折，水盛漂流，木旺則妖，土多癡呆，火多愚頑。

此論吉凶之質：

•十神也有五行之分：

a) 比劫——木；
b) 食傷——火；
c) 財——土；
d) 官殺——金；
e) 印綬——水。

•小兒入運前逢三合三會，則：

a) 比劫——動物咬傷、搏鬥而傷；
b) 食傷——多動招災、雷火之災；

c)財星——水火之災、食物中毒；
d)官殺——傷災、兇險、無中生有之災；
e)印綬——迷路、水火之災。

天羅地網，非橫之災。

流年湊齊如下者，在其前一年、當年、後一年均須注意（實踐中，天羅地網之年有好有壞，以壞為主）：

- 戌亥辰巳
- 子午卯酉
- 寅申巳亥
- 辰戌丑未

庚子　丁亥　丙寅　辛卯

女。甲申運，己巳年丈夫車禍死亡。

乙卯　戊寅　甲申　丁卯

男。乙亥運，辛巳年結婚。

丁巳　辛亥　癸酉　庚申

男。戊申運，戊寅年父親去世。

乙 歲運例

坤造 庚寅 庚辰 戊寅 甲寅

02歲己卯運 12歲戊寅運 22歲丁丑運 32歲丙子運 42歲乙亥運 52歲甲戌運

丁丑、丙子二運，事業起步，家資巨萬。丙子運末到乙亥運初，破去家產近半

食傷制殺，多以比劫身旺運為佳。

丙子運末庚午年雙沖大運。辛未年前半年在丙子運，後半年在乙亥運。

•凡大運、流年、八字中一字於某年逢沖又縫合，多主凶（人生節奏停頓），尤其於大運交接處。

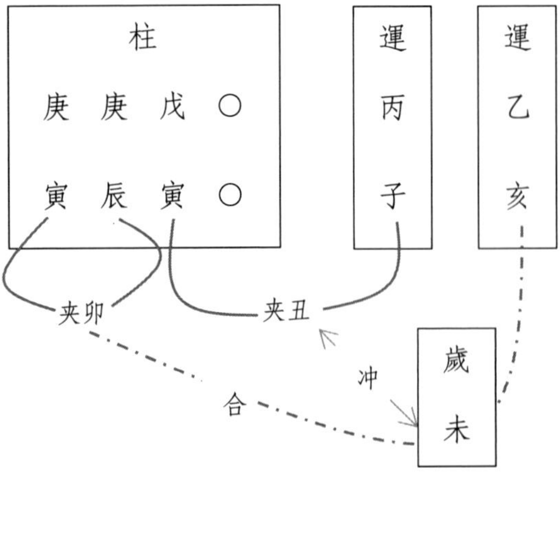

又如下例：

乾造　乙丑　丙戌　甲午　己巳

23歲癸未運　33歲壬午運　43歲辛巳運　53歲庚辰運　63歲己卯運　73歲戊寅運

雷禮。尚書。

癸未運——壬辰年進士。

壬午運——己亥年任推官，壬寅年升主事。

辛巳運——己酉年升提督，癸丑年順天府尹，丁巳年升御史，戊午年升尚書。

庚辰運——壬戌年加太子太保，戊辰年辭官。

己卯運——十年無作為(如右圖)。

戊寅運——辛巳年死。

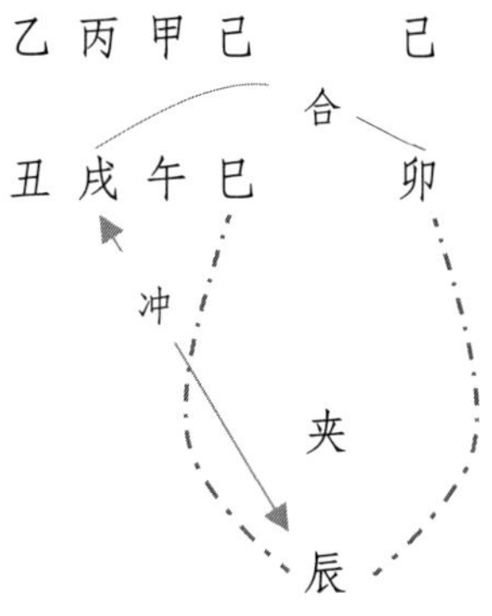

坤造　乙巳　丙戌　壬寅　己酉

09歲丁亥運　19歲戊子運　29歲己丑運

己丑運丙子年32歲，被朋友搞走一大筆錢，打官司也沒用。

丙戌、丙子夾拱出亥，成亥子丑三會比劫，為：

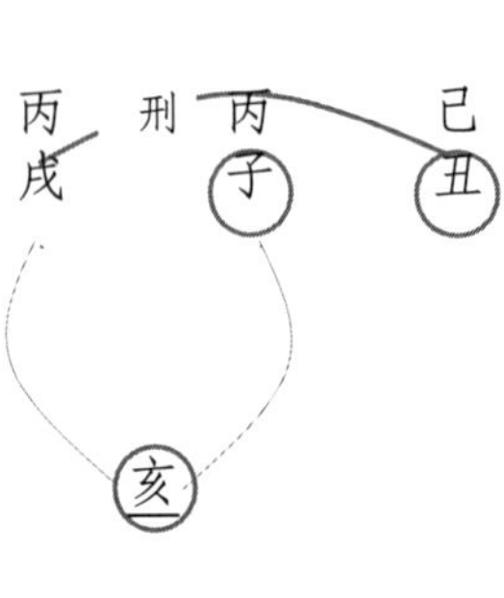

•三會比劫帶刑——朋友之凶。

乾造 甲午 丙子 戊申 戊午

丁丑運 戊寅運 己卯運 庚辰運

壬申、癸酉兩年投資不當，損失巨大。

庚辰運，與原八字形成申子辰三合局。壬申年流年又添一字：

●凡已有三合局者，三合局再添合之時，即為失算、重復性失誤。

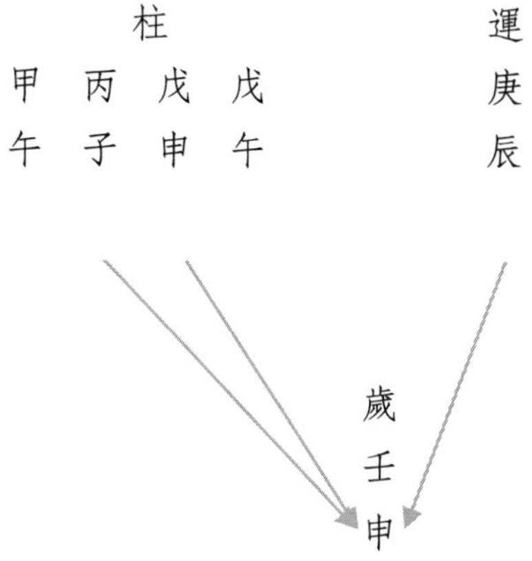

乾造　壬子 辛亥 戊子 壬戌

10歲壬子運 20歲癸丑運 30歲甲寅運 40歲乙卯運

乙卯運庚子、辛丑兩年被親友搞走大筆積蓄。

【解】：

天格傷生財，天格有成，仍是有成之人。

八字缺點是財多而混，無食傷本氣位：財來得快、去得快，看似穩固，內部拮据，有結構性矛盾。

•天干食傷生財，地支無有官印本氣接引，一旦走官印運即是「遇到了自己從來不會辦的事」。應及時轉換「經營思路」，或者換人替自己打理。

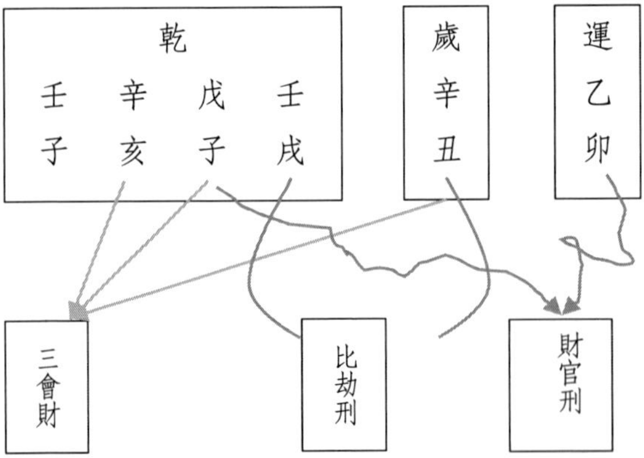

財局中：

● 比劫刑：兄朋之災、之因

● 財官刑：第三方之災、之因（銀行、信貸等）

乾造　庚子　己卯　癸卯　辛酉

7歲庚辰運　17歲辛巳運　27歲壬午運

嚴嵩。壬午運丁卯年因病退官十年，丙子年8月復官。

壬午運一開始的丁卯年至運末丙子年，將近十年沒有「動靜」。壬午運第一年丁卯，子午卯酉會齊，且流年與時柱沖剋。壬午運最後一年丙子雙沖大運，在運尾，一改往年運氣。凡：

- 大運一開始一二年，最忌大凶流年（鎖碼）。犯之者，整個大運受影響。
- 流年沖大運，即為大運走偏。能改以往走向。

當然，此命十年無作為，還有它因。

乾造 癸巳 壬戌 癸丑 庚申

07歲辛酉運 17歲庚申運 27歲己未運 37歲戊午運

庚午年投資的證券被倒空，一分未收回

庚午年11月，從己未運轉入戊午運。

先一年己巳年，巳午未局；庚午年上半年己未運巳午未局；庚午年下半年，戊午運巳午未局。

凡：

- 連續兩年兩個大運犯同一方局，即為身在其中難以解脫——「被套牢」。尤其是在交運之時

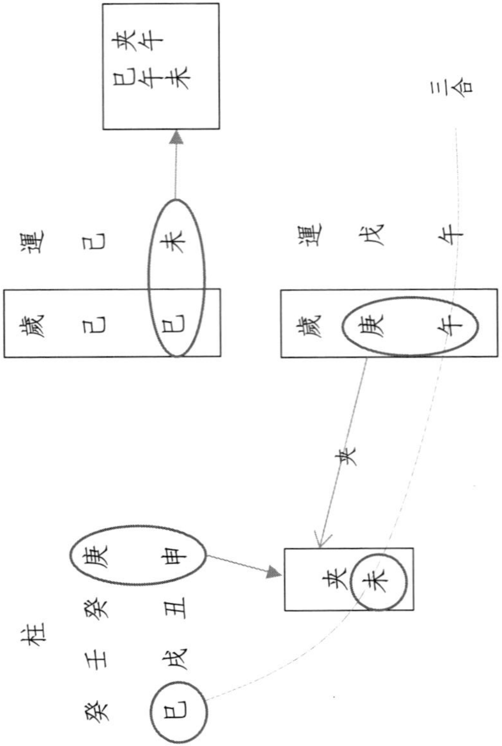

坤造 戊寅 甲寅 甲戌 丁卯

43歲己酉運 53歲戊申運

己巳年投資失誤。

52歲1990庚午年年4月初交入戊申運。庚午年，將己巳年投資的證券虧完，面臨破產。己酉大運，己巳年：沖大運、又合大運。

•凡歲運柱之一字逢沖又縫合，萬事俱宜守舊，不宜圖新。

庚午年三合食傷：

•三合食傷主投資。

前半年三合火局，大運沖去三合局外之字。後半年大運沖去三個局內之字。此即是：

•一年兩大運，因環境改變而事情結構也發生變化（大運為環境）——事還是那個事，但環境變了，不能再那樣繼續了。

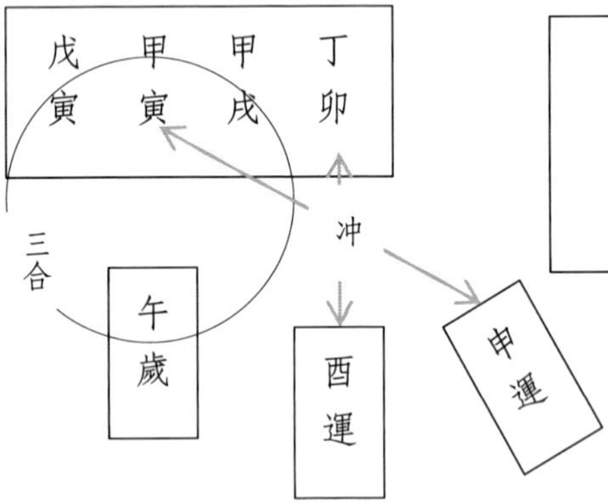

一歲兩大運，前一運沖三合局外之字，後運沖三合局內之字

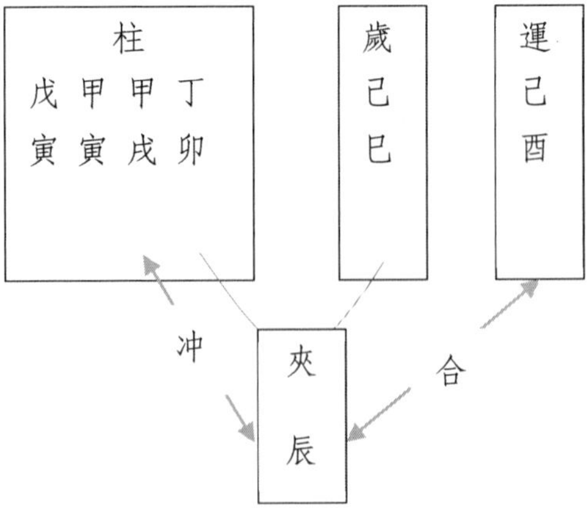

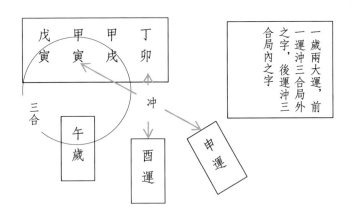

乾造 丙寅 壬辰 丙寅 乙未

09歲癸巳運 19歲甲午運 29歲乙未運 39歲丙申運

丙申運做實業發家。

●帶明殺之八字，只要流年不「鎖碼」，走比劫運百分之八十是好運。

●一個好八字，成格八字，只要不是壞流年，其人生都是會穩步向前。

39歲處於日支運，日支為偏印，主中年十五年——傾向『以技立身』。寅中有甲丙戊，分別為梟、比、食，即是：規劃、人緣、落實。

相當初學者不明了柱運與大運關係：

●大運是十年客觀環境，是可以用「目力」衡量的人、事、物。

●若無沖刑會合，則柱限為十五年，是為心境、為象、為自身努力方式。需得自己體會，外人無法用眼睛看見——最不宜在他人代測時用這種方法預測。因外人很難體會出來。

論運常識：

●一二運以家運、學業為主。

●三四運以事業、婚姻為主。

乾造　丙子　癸巳　壬子　乙巳　（他人提供命理）

32歲丁酉運　42歲戊戌運

命理先生。戊午年重病，己未年給人改運惹是非。

　　傷官生財帶比劫，其經營策略即是：技術名氣（傷）、人際緣份（劫財）、投資理財（偏財）；換位而論也可：其人緣多佔有財務關係、其名氣以財為導向……倘若讀者又能兼論地支，則為：乙不通根，其所謂道行高只是招牌，沒有固定論命體系。

此命丁酉運財運佳。戊戌運失意冷落。

丁酉運（戊申——戊午）

戊戌運（戊午——戊辰）

戊午年（丁酉運與戊戌運交接）重病，己未年（戊戌運）給人改運惹是非。

•因其財格逢食傷，不怕比劫，也不怕比劫運（但過多也不行）——僅就成敗而言。但怕官殺運，主「超出經

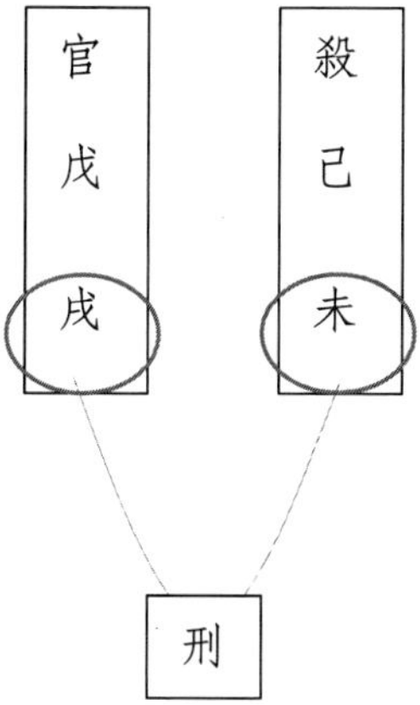

營範圍」。

●戊午年：戊午——壬子，旺位相沖，此種格式多能應驗為突發疾病。

●己未年：官殺坐刑，是非之年。

乾造 丙申 丁酉 戊寅 辛酉　06歲戊戌運 16歲己亥運

余漢謀（國民黨一級上將）

己亥運，1919年己未北洋軍排長，1920年庚申年投到粵軍後，立功任營長。

流年己未，大運己亥，夾出亥卯未，乃三合殺局，且沖時柱酉。同時，流年與時柱夾出申，沖年柱寅，又成申酉沖剋寅卯。

此命歲運涉及如下訣法：

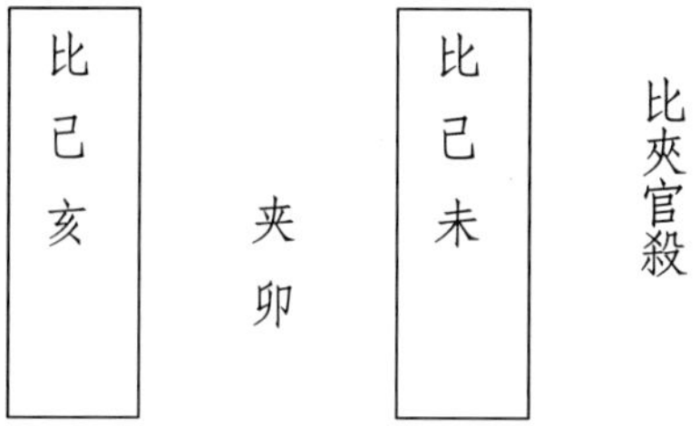

•比肩拱三合殺——普通人多有新工作機會。夾出正官，即為歲運帶來新上司。

•官殺沖食傷——「棄私就公」。（此年定下「投筆從戎」基調）

•雙雙對沖——涉及半方局、方局者，即有事涉兩方之意（站在一方針對另一方）。

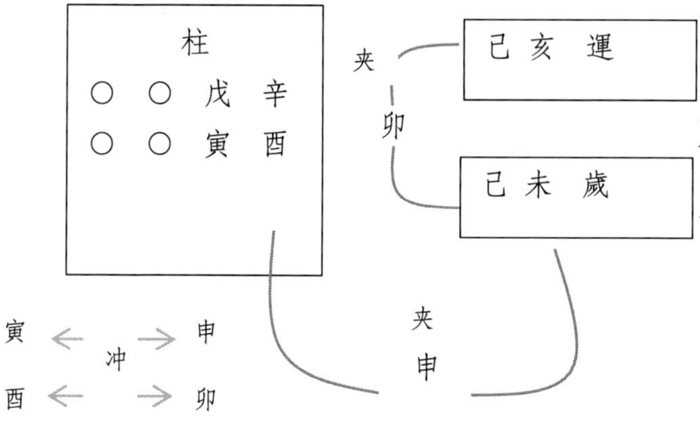

乾造　庚申　丙戌　壬申　丙午

04歲丁亥運　14歲戊子運

19歲戊子大運，戊寅流年車禍死亡。

此命流年涉及兩項訣法：

- 天干在地支無祿旺位，走地支祿旺歲運，最怕帶沖刑。
- 陽刃怕被同時沖合。

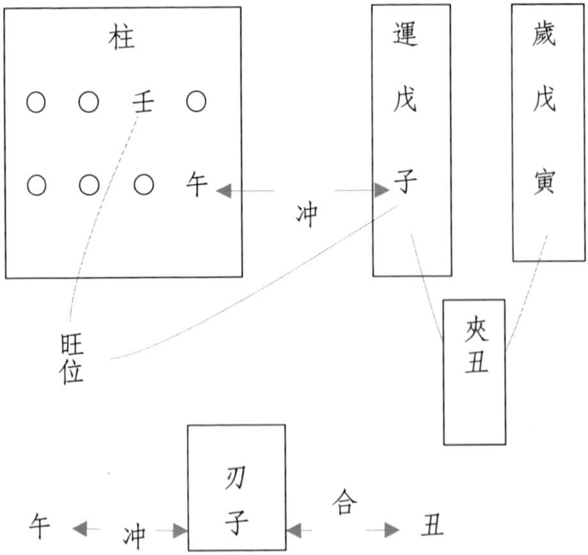

乾造 丁丑 己酉 甲寅 乙亥

53癸卯運庚午年心肌梗塞。

前二柱己土晦火，後二柱木多火塞——皆主心血疾病。

此命流年又涉一訣：

●地支在天干沒有透出，一旦透出其陽刃位，最怕逢沖刑——多為隱災。前文訣法論天干在地支無祿旺，一旦走祿旺位運逢沖刑，是為明災。

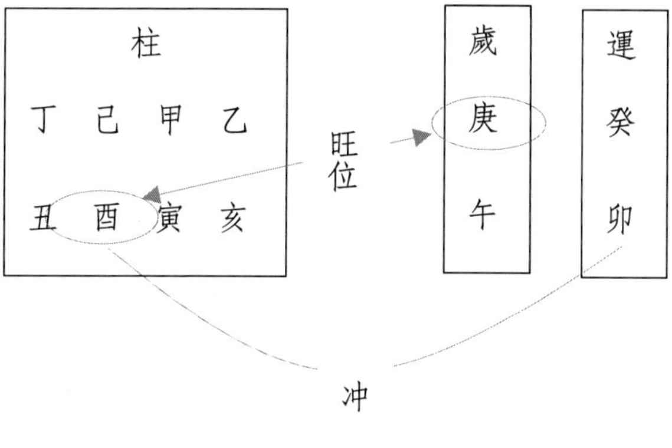

乾造　辛卯 戊戌 辛卯 癸巳

43歲開始癸巳運

45歲癸巳運，丙子年與人有經濟糾紛而被人傷。

此命流年涉兩句訣法：

- 換祿伏吟、一頭大一頭小——勢力不均（不宜與人對抗）。
- 天干在地支無祿旺位，走地支祿旺歲運，最怕帶沖刑。

兩個癸巳為大頭，一个丙子为小头。

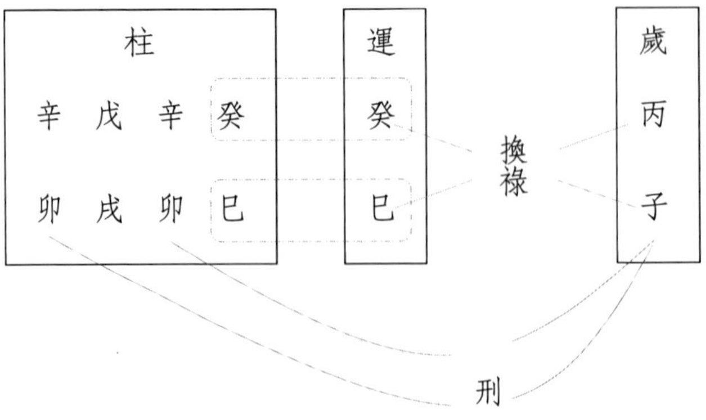

乾造　丁酉　庚戌　甲寅　乙丑

31歲開始丙午運

丙午運乙亥年與人爭吵被殺。

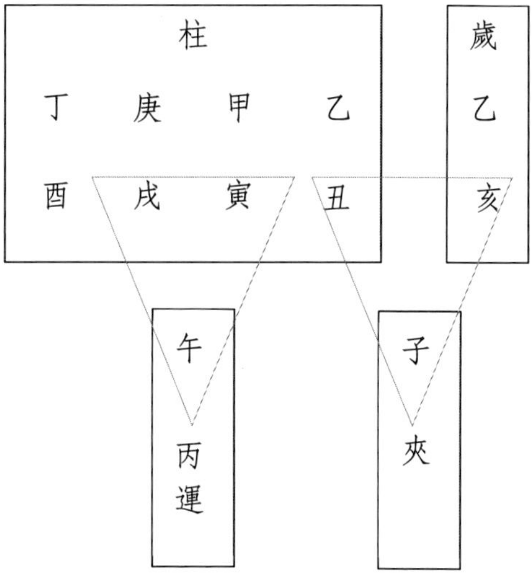

此命流年涉一訣法：

•方局對剋者——事涉兩方，莫強為。

一般而言：

•方局對沖易有五行所示疾病、凶災：金木——刀劍、刑傷；水火——水火之災、中毒、腐爛。

坤造庚申 辛巳 甲申 辛未

己卯運，丁丑年被害。

此命官殺混，官殺雖占天月二德星，仍為凶命。以往常有：「天月德能逢凶化吉」之論，類似這種論述，確實是最容易讓初學者無處下手：

●宋以前，命理學乃是高級學術，不懂曆法、不通算術的人很難掌握。也就是說那時候的命理學是屬於社會上層的學術——這也間接造成一項後果，那就是當時的命理學在創制之處就有一個「其人為好命」的自然前提。再換句話是說：當時的理論用在已經成格的八字身上是相當應驗的，但有些不適用於一般普通百姓命造。就比如「天月德逢之者能逢凶化吉」，此論或許是先經好命人士親身驗證後，而才再用天文曆法去論證——忽略了「格局成敗」對於加減凶災的影響。當然，那時候還沒有格局成敗一說。

此命官殺混雜無有制化，本身就是「是非多端」之人，說輕了是「是非」，說重了是「小人害身」。倘若透一正印，則能使官殺之性盡得其用：小人能為我所用，君子亦能垂恩於我。

●為什麼後世遵「子平之法」的人多棄神煞之說，並不是沒有道理。

坤造 庚子 壬午 壬辰 庚戌
20歲庚辰運，己未年服毒。
己未年之後的庚申年，與原命、大運形成三合羊刃，夾出三會印——大凶之年。

•死有病死，有非病死。病死為善終，其他非善終。從訣法角度講，很多人易在大凶之年的前一年自殺。

坤造 壬辰 辛亥 乙酉 癸未
27歲己酉運（20-30），戊午年自殺。
前一年丁巳雙沖辛亥，次年戊午雙合癸未。

•雙合自殺，看開人世。

坤造 丙申 庚子 丁卯 丙午

26歲戊戌運（18-28），辛酉年因丈夫賭博而自殺

辛酉雙沖，次年壬戌雙合。

•雙沖自殺，看不開而死。

乾造 辛巳 庚寅 庚戌 丙戌

同一八字，不同一年死期。

0-10己丑：

6歲丙戌年死——火星伏吟。

2歲壬午年死——三合火局。

•7歲前，忌三合局再見一字。

心一堂術數古籍珍本叢刊　第一輯書目

占筮類			
1	擲地金聲搜精秘訣	心一堂編	沈氏研易樓藏稀見易占秘鈔本
2	卜易拆字秘傳百日通	心一堂編	
3	易占陽宅六十四卦秘斷	心一堂編	火珠林占陽宅風水秘鈔本
星命類			
4	斗數宣微	【民國】王裁珊	民初最重要斗數著述之一；未刪改本
5	斗數觀測錄	【民國】王裁珊	失傳民初斗數重要著作
6	《地星會源》《斗數綱要》合刊	心一堂編	失傳的第三種飛星斗數
7	《斗數秘鈔》《紫微斗數之捷徑》合刊	心一堂編	珍稀「紫微斗數」舊鈔秘本
8	斗數演例	心一堂編	
9	紫微斗數全書（清初刻原本）	題【宋】陳希夷	斗數全書本來面目；有別於錯誤極多的坊本
10-12	鐵板神數（清刻足本）——附秘鈔密碼表	題【宋】邵雍	無錯漏原版秘鈔密碼表　首次公開！
13-15	蠢子數纏度	題【宋】邵雍	蠢子數連密碼表　打破數百年秘傳　首次公開！
16-19	皇極數	題【宋】邵雍	清鈔孤本附起例及完整密碼表　研究神數必讀！
20-21	邵夫子先天神數	題【宋】邵雍	附手鈔密碼表　研究神數必讀！
22	八刻分經定數（密碼表）	題【宋】邵雍	皇極數另一版本；附手鈔密碼表
23	新命理探原	【民國】袁樹珊	子平命理必讀教科書！
24-25	袁氏命譜	【民國】袁樹珊	
26	韋氏命學講義	【民國】韋千里	民初二大命理家南袁北韋
27	千里命稿	【民國】韋千里	
28	精選命理約言	【民國】韋千里	北韋之命理經典
29	滴天髓闡微——附李雨田命理初學捷徑	【民國】袁樹珊、李雨田	命理經典未刪改足本
30	段氏白話命學綱要	【民國】段方	民初命理經典最淺白易懂
31	命理用神精華	【民國】王心田	學命理者之寶鏡

32	命學探驪集	【民國】張巢雲	發前人所未發 稀見民初子平命理著作
33	澹園命談	【民國】高澹園	
34	算命一讀通——鴻福齊天	【民國】不空居士、覺先居士合纂	
35	子平玄理	【民國】施惕君	
36	星命風水秘傳百日通	心一堂編	
37	命理大四字金前定	題【晉】鬼谷子王詡	源自元代算命術
38	命理斷語義理源深	心一堂編	稀見清代批命斷語及活套
39-40	文武星案	【明】陸位	失傳四百年《張果星宗》姊妹篇 千多星盤命例 研究命學必備
相術類			
41	新相人學講義	【民國】楊叔和	失傳民初白話文相術書
42	手相學淺說	【民國】黃龍	民初中西結合手相學經典
43	大清相法	心一堂編	重現失傳經典相書
44	相法易知	心一堂編	
45	相法秘傳百日通	心一堂編	
堪輿類			
46	靈城精義箋	【清】沈竹礽	沈氏玄空遺珍 玄空風水必讀
47	地理辨正抉要	【清】沈竹礽	
48	《玄空古義四種通釋》《地理疑義答問》合刊	沈瓞民	
49	《沈氏玄空吹虀室雜存》《玄空捷訣》合刊	【民國】申聽禪	
50	漢鏡齋堪輿小識	【民國】查國珍、沈瓞民	
51	堪輿一覽	【清】孫竹田	失傳已久的無常派玄空經典
52	章仲山挨星秘訣（修定版）	【清】章仲山	章仲山無常派玄空珍秘 門內秘本首次公開 沈竹礽等大師尋覓一生未得之珍本！
53	臨穴指南	【清】章仲山	
54	章仲山宅案附無常派玄空秘要	心一堂編	
55	地理辨正補	【清】朱小鶴	玄空六派蘇州派代表作
56	陽宅覺元氏新書	【清】元祝垚	簡易・有效・神驗之玄空陽宅法
57	地學鐵骨秘 附 吳師青藏命理大易數	【民國】吳師青	釋玄空廣東派地學之秘
58-61	四秘全書十二種（清刻原本）	【清】尹一勺	玄空湘楚派經典本來面目 有別於錯誤極多的坊本

62	地理辨正補註 附 元空秘旨 天元五歌 玄空精髓 心法秘訣等數種合刊	【民國】胡仲言	貫通易理、巒頭、三元、三合、天星、中醫
63	地理辨正自解	【清】李思白	公開玄空家「分率尺、工部尺、量天尺」之秘
64	許氏地理辨正釋義	【民國】許錦灝	民國易學名家黃元炳力薦
65	地理辨正天玉經內傳要訣圖解	【清】程懷榮	秘訣一語道破，圖文并茂
66	謝氏地理書	【民國】謝復	玄空體用兼備、深入淺出
67	論山水元運易理斷驗、三元氣運說附紫白訣等五種合刊	【宋】吳景鸞等	失傳古本《玄空秘旨》《紫白訣》
68	星卦奧義圖訣	【清】施安仁	
69	三元地學秘傳	【清】何文源	
70	三元玄空挨星四十八局圖說	心一堂編	三元玄空門內秘笈 清鈔孤本 過去均為必須守秘不能公開秘密 與今天流行飛星法不同
71	三元挨星秘訣仙傳	心一堂編	
72	三元地理正傳	心一堂編	
73	三元天心正運	心一堂編	
74	元空紫白陽宅秘旨	心一堂編	
75	玄空挨星秘圖 附 堪輿指迷	心一堂編	
76	姚氏地理辨正圖說 附 地理九星并挨星真訣全圖 秘傳河圖精義等數種合刊	【清】姚文田等	
77	元空法鑑批點本——附 法鑑口授訣要、秘傳玄空三鑑奧義匯鈔 合刊	【清】曾懷玉等	蓮池心法 玄空六法 門內秘鈔本首次公開
78	元空法鑑心法	【清】曾懷玉等	
79	蔣徒傳天玉經補註	【清】項木林、曾懷玉	
80	地理學新義	【民國】俞仁宇撰	
81	地理辨正揭隱（足本） 附連城派秘鈔口訣	【民國】王邈達	揭開連城派風水之秘
82	趙連城傳地理秘訣附雪庵和尚字字金	【明】趙連城	
83	趙連城秘傳楊公地理真訣	【明】趙連城	
84	地理法門全書	仗溪子、芝罘子	巒頭風水，內容簡核、深入淺出
85	地理方外別傳	【清】熙齋上人	巒頭形勢、「望氣」「鑑神」
86	地理輯要	【清】余鵬	集地理經典之精要
87	地理秘珍	【清】錫九氏	巒頭、三合天星，圖文並茂
88	《羅經舉要》附《附三合天機秘訣》	【清】賈長吉	清鈔孤本羅經、三合訣法圖解
89-90	嚴陵張九儀增釋地理琢玉斧巒	【清】張九儀	清初三合風水名家張九儀經典清刻原本！

心一堂術數古籍整理叢刊

全本校註增刪卜易	【清】野鶴老人	李凡丁（鼎升）校註
紫微斗數捷覽（明刊孤本）附點校本	傳【宋】陳希夷	馮一、心一堂術數古籍整理小組點校
紫微斗數全書古訣辨正	傳【宋】陳希夷	潘國森辨正
應天歌（修訂版）附格物至言	【宋】郭程撰　傳	莊圓整理
壬竅	【清】無無野人小蘇郎逸	劉浩君校訂
奇門祕覈（臺藏本）	【元】佚名	李鏘濤、鄭同校訂
臨穴指南選註	【清】章仲山　原著	梁國誠選註
皇極經世真詮—國運與世運	【宋】邵雍　原著	李光浦

心一堂當代術數文庫

增刪卜易之六爻古今分析	愚人
命理學教材（第一級）	段子昱
命理學教材 之 五行論命口訣	段子昱
斗數詳批蔣介石	潘國森
潘國森斗數教程（一）：入門篇	潘國森
紫微斗數不再玄	犂民
玄空風水心得（增訂版）（附流年催旺化煞秘訣）	李泗達
玄空風水心得（二）——沈氏玄空學研究心得（修訂版）附流年飛星佈局	李泗達
廖氏家傳玄命風水學（一）——基礎篇及玄關地命篇	廖民生
廖氏家傳玄命風水學（二）——玄空斗秘篇	廖民生
廖氏家傳玄命風水學（三）——楊公鎮山訣篇 附 斷驗及調風水	廖民生
廖氏家傳玄命風水學（四）——秘訣篇：些子訣、兩元挨星、擇吉等	廖民生
《象數易——六爻透視：入門及推斷》修訂版	愚人
《象數易——六爻透視：財股兩望》	愚人
《象數易——六爻透視：病在何方》	愚人